Vorwort

Als ich meine Bekannten um Stichwörter zum Kanton Aargau gebeten habe, habe ich die unterschiedlichsten Antworten erhalten: Rübelimärt; Atom-, Industrie- und Autobahnkanton; grenzt im Norden an Deutschland; bevölkerungsmässig der viertgrösste Kanton der Schweiz; Schlösser ohne Ende; Wasser, Wasser und nochmals Wasser; drei Regionalflugplätze; zahlreiche Thermalquellen; weder ein Opern- noch ein Schauspielhaus, dafür ein «Heitere Open Air» und ein «Figura Theaterfestival»; interessante Kleinmuseen; Wanderwege; Römer; ausgezeichnete Restaurants; eine unglaublich schöne Natur; Kreisel; zwölf historische Altstädte und, und, und. Diese Liste zeigt das Wesentliche bereits: Der Aargau ist ausserordentlich facettenreich.

Bei meiner Suche nach 111 eher unbekannten, aber dennoch spannenden und geschichtenreichen Orten im Kanton habe ich mich stets gefragt, was ausser mir auch andere interessieren könnte. Welchen Ort würde meine Nachbarin besuchen wollen, wenn sie wüsste, dass es ihn gibt? Oder die Kollegen meines Sohnes? Oder mein über 90-jähriger Yogalehrer? Ich habe bald gemerkt, dass meine Angst unbegründet war, es gebe ausser dem, was eh schon alle kennen, nicht viel zu berichten. Man könnte ohne Probleme zwei Bücher mit Geheimtipps und unbekannten Geschichten über bekannte Orte füllen. Statt mühsam nach Orten suchen zu müssen, musste ich am Ende schweren Herzens unzählige wieder von meiner Liste streichen; denn für mehr als 111 hat es im vorliegenden Buch leider keinen Platz.

Noch ein Wort zu den historischen Altstädten: Eigentlich kennt man sie, weshalb ich sie nicht speziell thematisiert habe. Da «kennen» und «dort gewesen sein» aber zwei Paar Schuhe sind, möchte ich sie Ihnen wenigstens im Vorwort ans Herz legen. Aarau, Aarburg, Baden, Bremgarten, Brugg, Kaiserstuhl, Klingnau, Laufenburg, Lenzburg, Mellingen, Rheinfelden und Zofingen sind in jedem Fall eine Reise wert.

111 Orte

1 ── Das 90° Café Bar Lounge | Aarau
   Alles, was rechtwinklig ist | 10

2 ── Der ausschnitt | Aarau
   Entschleunigen oder die Kunst des Papierschneidens | 12

3 ── Die Bahnhofsuhr | Aarau
   Die halb sichtbare Grosse | 14

4 ── Das «Aarlux» | Aarau
   Eine Leuchte auf seinem Gebiet | 16

5 ── Die Sammlung Kern | Aarau
   Was Spinnenfäden, Dufour, NASA und Churchill verbindet | 18

6 ── Der Weg Aarau – Amerika | Aarau
   Zu Fuss in die Neue Welt | 20

7 ── Die Aarewaage | Aarburg
   Wenn die Waagschale kippt | 22

8 ── Der Tausend-Stimmen-Tunnel | Aarburg
   Der versiegte Geschichtenstrom | 24

9 ── Das Skigebiet Asp | Asp
   Aspen auf Aargauisch | 26

10 ── Das Hexenmuseum | Auenstein
   (Selbst-)Erkenntnis auch für Nichteingeweihte | 28

11 ── Der Maria-Bernarda-Besinnungsweg | Auw
   Besinnung für zwischendurch | 30

12 ── Die Alte Schmiede | Baden
   Wo Industriezeitzeuge und Jugendkultur sich vermählen | 32

13 ── Die Frau Meise | Baden
   Klein, aber oho | 34

14 ── Das Hosensackmuseum | Baden
   Kreiselfedernsteinegümmeli- und sonstige Schätze | 36

15 ── Die Schimpfmaschine | Baden
   Du über-kreuzdämlicher Pissoir-Totsch | 38

16 ── Der Schindler Lift Nr. 2 | Baden
   Der geliftete Pensionär | 40

17 ── Das Turmreservoir | Baden
   Schwindel mit Aussicht | 42

18 ── Das Geschichtenhaus | Bad Zurzach
   Es liegt was in der Luft | 44

19 — Die Wassersinfonie | Bad Zurzach
Las-Vegas-Feeling im Zurzibiet | 46

20 — Das Wegkreuz | Beinwil (Freiamt)
Gottes Auge, Jesu Schutz und Antonius' Hilfe | 48

21 — Das Geisterhaus | Beinwil am See
Das Huus, durch das die Friesen bruusen | 50

22 — Der Kinderweg | Benzenschwil
Prädikat wertvoll | 52

23 — Die Biobadi | Biberstein
Wo Seerosen blühen und Libellen tanzen | 54

24 — Die Steinzeitwerkstatt | Boniswil
Vergangenheit zum Begreifen | 56

25 — ARABAS | Bremgarten
Junge Artisten, reife Leistung | 58

26 — Der Fledermauskasten | Bremgarten
Ein Eigenheim mit 300 Betten | 60

27 — Die stehende Welle | Bremgarten
Aloha auf der Reuss | 62

28 — Der Bahnpark | Brugg
Ein Pensionsstall für Dampftiger, Seetalkrokodile & Co | 64

29 — Die Jugendherberge «Schlössli Altenburg» | Brugg
Schlafen, wo einst die Römer hausten | 66

30 — Das Souperbe | Brugg
Für Suppenfans und andere | 66

31 — Der Flohmarkt | Buchs
Die Nadel im Heuhaufen | 70

32 — Das foucaultsche Pendel | Dättwil
Und sie bewegt sich doch | 72

33 — Der Zwingrodel | Dietwil
«... des zwings zuo Tiettwill gerechtigkeitt ...» | 74

34 — Der Römerweg | Effingen
Passstrasse à la romaine | 76

35 — Die Geisselmacher | Egliswil
Spinner aus Passion | 78

36 — Das Zivilschutz-Übungsgelände | Eiken
Trümmerhaufen mit System | 80

37 — Die Synagoge | Endingen
Einst zu klein, heute zu gross | 82

38 — Der Geissfluegrat | Erlinsbach
Des Aargaus Dach | 84

39 — Der Orchideenlehrpfad | Erlinsbach
   Lehrpfadbijou und Taxonomiesalat | 86

40 — Die Galerie artune | Frick
   Kultur im Wohnzimmer | 88

41 — Die Kunz-Konfitürenmanufaktur | Frick
   Konfitürekochen als Schule der Geduld | 90

42 — Die Umlaufmaterialbahn | Frick
   20 Höhenmeter von nationaler Bedeutung | 92

43 — Die Fähre Full-Waldshut | Full
   Totgesagte leben länger | 94

44 — Die Zinnfiguren | Full
   Klasse und Masse | 96

45 — Die Erdlöcher | Hellikon
   Das schützenswerte Nichts | 98

46 — Der Bergwerksilo | Herznach
   Schlafen im Bauch des Riesentrichters | 100

47 — Der Sparsarg | Herznach
   Die Mehrweg-Totentruhe | 102

48 — Die Schlosskapelle | Hilfikon
   Knie nieder und tritt ein | 104

49 — Der Römische Haustierpark Augusta Raurica | Kaiseraugst
   Kinder(wagen)gerechter Einblick in die Vergangenheit | 106

50 — Der Skulpturenweg | Kaiserstuhl
   Gespräche über Grenzen hinweg | 108

51 — Die Chäsi Künten | Künten
   Aargau von mild bis rezent | 110

52 — Die Erdnussröstmaschine | Küttigen
   Veteranin mit Suchtpotenzial | 112

53 — Die Gassi-Bären | Laufenburg
   Schau mir in die Augen, Kleines | 114

54 — Der Stern von Laufenburg | Laufenburg
   Die Wiege des europäischen Stromverbundes | 116

55 — Die Boulderhalle | Lenzburg
   Mit dem Kopf durch die Wand | 118

56 — Das Hämmerli Palace | Lenzburg
   Ein Viergangmenü in der ehemaligen Schiessbaracke | 120

57 — Die Steineidechsen | Lenzburg
   Ein Krabbelplatz an der Sonne | 122

58 — Die Winterlinde | Linn
   Eine Lady fragt man nicht nach ihrem Alter | 124

59 — Der Bunker Ängi Ost | Magden
Ein Zeitzeuge im Fels | 126

60 — Die Museums-Telefonzentrale | Magden
Das ratternde Fossil | 128

61 — Das Rebhüsli Hintererli | Mandach
Am Herzschlag der Natur | 130

62 — Der Kneipp-Trail | Menziken
Treten erwünscht | 132

63 — Das Tabak- und Zigarrenmuseum aargauSüd | Menziken
Tabakgenuss und Political Correctness von anno Tubak | 134

64 — Die Steinkrebs-Aufzuchtstation | Mettau
Alle meine Krebslein | 136

65 — Die Holzköhlerei | Mettauertal
Neue Heimat für ein altes Brauchtum | 138

66 — Die Oldie-Scheune | Mühlau
Zurück in die Vergangenheit | 140

67 — Die Aarebrücke | Murgenthal
Schwingendes Fachwerk | 142

68 — Die Habsburger Grablegen | Muri
Herz an Herz | 144

69 — Der Skatepark | Muri
Hindernisse, die das Sportlerherz erfreuen | 146

70 — Der Fischpass | Neuenhof
Immer der Strömung nach | 148

71 — Das Restaurant Rüsler | Neuenhof
Darf's ein Giraffenhals sein oder lieber ein Spatz? | 150

72 — Die Kantonsmitte | Niederlenz
Am Nabel des Aargaus | 152

73 — Der Angels Share Shop | Oberentfelden
Ein Duft von Single Malt liegt in der Luft | 154

74 — Der geteilte Ort | Olsberg
Die Olsberger Arisdörfer | 156

75 — Der Berner Stundenstein | Othmarsingen
Als eine Stunde noch 5,279 Kilometer dauerte | 158

76 — Das Recycling-Paradies | Reinach
Was Hänschen nicht lernt | 160

77 — Das Wiesenlabyrinth | Remigen
Schritt für Schritt der Mitte entgegen | 162

78 — Das International Imaginary Museum | Rheinfelden
Meisterwerke mit Falschheitszertifikat | 164

79 ___ Der Rössli-Jazz | Rheinfelden
Tonmalerei, die beschwingt | 166

80 ___ Die Saldomes 1 und 2 | Rheinfelden
Zwei Architekturtempel für das weisse Gold | 168

81 ___ Die Schwurhand | Rheinfelden
Ist sie's oder ist sie's nicht? | 170

82 ___ Das St.-Anna-Loch | Rheinfelden
Schwimmen verboten | 172

83 ___ Die Röschti-Farm | Schinznach-Dorf
Schweizer Spezialität in 1.001 Variationen | 174

84 ___ Die Sternwarte NOVA SOLARIS | Schmiedrued
Ein Tor zum Himmelszelt | 176

85 ___ Der Vrenelistein | Schneisingen
Tragik pur | 178

86 ___ Das Rapid Museum | Schöftland
Ein Altersheim Motormäher | 180

87 ___ Die Säulengrotte | Schöftland
Ein Keller zum Cervelatbraten | 182

88 ___ Die Wasserwirbelanlage | Schöftland
Einfaches Konzept mit dreifacher Wirkung | 184

89 ___ Das Frauen- und das Männerbad | Seengen
Sittlich korrektes Badevergnügen | 186

90 ___ Die Umweltarena | Spreitenbach
Nachhaltigkeit live erleben | 188

91 ___ Das Rundhaus | Suhr
Das Runde auf dem Dreieckigen | 190

92 ___ Der Bahnhof | Turgi
535 Tonnen schwimmen näher zum Gleis | 192

93 ___ Der Foxtrail Wasserschloss | Turgi
Spurensuche mit Hirn und Spass | 194

94 ___ Der Bändeli-Laden | Ueken
Ein Meer an Farben und Mustern | 196

95 ___ Die Mondsichelmadonna | Uerkheim
Eine Muttergottes geht baden | 198

96 ___ Der Gipfelstürmer Kaffee | Unterlunkhofen
Die Kaffeeaufbrüh-Zeremonie | 200

97 ___ Die Keltengräber | Unterlunkhofen
Die Totenstadt beim Holzlager | 202

98 ___ Das Stroppel-Areal | Untersiggenthal
Neues Leben in alter Hülle | 204

99 — Der Mohrenkopf Dubler | Waltenschwil
151 politisch unkorrekte Kalorien | 206

100 — Das Affenbrünneli | Wettingen
Die Emigranten aus Zürich | 208

101 — Das Figurentheater | Wettingen
Ein Keller voller Geschichten | 210

102 — Der Gasthof Sternen | Wettingen
Ora et ede – Bete und iss | 212

103 — Der Rabenkreisel | Wettingen
Die jungen Schwarzen in ihrer Loge | 214

104 — Das Ryokan Hasenberg | Widen
Japanischer ist der Aargau nirgends | 216

105 — Der Aaresteg Mülimatt | Windisch
Ein Biber aus Stahl und Beton | 218

106 — Die Gartenkegelbahn | Windisch
Kegeln im Schmuckstück | 220

107 — Die Emma Kunz Grotte | Würenlos
Das Ganze spüren | 222

108 — Der Ägelsee | Zeiningen
Aus der Kälte geboren | 224

109 — Das Nähcafé | Zofingen
Mit Power und Freude | 226

110 — Peter's Gwürzsack | Zofingen
Euphorie inklusive | 228

111 — Die Römerböden | Zofingen
Die Zeit bringt alles an den Tag! | 230

1 Das 90° Café Bar Lounge
Alles, was rechtwinklig ist

Was macht ein Schrift- und Reklamegestalter, der zur letzten Ausbildungsgeneration nach alter Schule gehört und damit bereits vor dem Berufseinstieg weg vom Markt ist? Er designt sich ein Lokal nach seinen Wünschen. Das Ergebnis wurde von den Lesern des Magazins «Lounge» zur «Best Design Bar of Switzerland» gekürt, erhielt den Publikumspreis «Best of Swiss Gastro» und figuriert regelmässig im Führer «Die 101 besten Bars der Schweiz». Das 90° ist wirklich gelungen und wirkt trotz des programmatischen rechten Winkels weder steif noch ungemütlich. Das verdankt es nicht zuletzt der auffälligen runden Glasleuchte über der Bar, die das 90°-Konzept gekonnt durchbricht.

«Ciao, Michel!», tönt es von allen Seiten. «Hoi, Patrick ... Grüezi mitenand ... Guete Morge ...» Kaum betritt Michel Gayret das Lokal, geht das grosse Hallo los. Der persönliche Kontakt mit dem Gast sei ihm wichtig, fasst Gayret das Offensichtliche in Worte. Man kennt sich hier, und man schätzt und respektiert sich. Rechts käfelet einer gemütlich, links sitzt ein Pärchen bei einem Glas Champagner, und keiner schaut den andern schief an. Auch das Nebeneinander von Prominenten und Herr und Frau Unbekannt klappt bestens. «Meine Freundin und ich nennen das 90° immer Saibene-Café, weil der frühere Trainer des FC Aarau öfters hier anzutreffen ist», schaltet sich ein Gast ein. Ein weiterer Beweis dafür, dass das Lokal mehr ist als nur trendy. Eine Begegnungszone nämlich, offen für alles und alle. Mit einer Einschränkung: Seit dem 1. Juni 2015 ist auch das 90° dem Zeitgeist gemäss rauchfrei.

Der Mensch steht äusserst ungern mit dem Rücken zur Wand. Umso lieber setzt er sich im Restaurant an einen Platz mit Rückendeckung; hat er dabei die Eingangstür im Blick, desto besser. Vielleicht fühlen sich die Gäste ja auch deshalb so wohl im 90°: Die Tische stehen alle an der Wand. Ein schwieriges Terrain für einen meuchelnden Säbelzahntiger.

Adresse Bahnhofstrasse 35, 5000 Aarau, www.90gradbar.ch | **Anfahrt** A 1 (Ausfahrt 50 Aarau-Ost), Richtung Aarau/Rohr, ab Aarau den Wegweisern zum Bahnhof folgen, beim Bahnhof rechts abbiegen (Bahnhofstrasse) | **Öffnungszeiten** Mo–Do 7–24 Uhr, Fr 7–2 Uhr, Sa 7–1 Uhr, So 9.30–20 Uhr | **Tipp** Der Alpenzeiger: Man erreicht den höchstgelegenen Aussichtspunkt Aaraus ab Kreisel Küttigerstrasse via Weinbergstrasse–Alpenzeigerweg.

2 Der ausschnitt
Entschleunigen oder die Kunst des Papierschneidens

Scherenschnitte, das sind doch diese dekorativen, symmetrischen Silhouetten-Bildchen aus schwarzem Papier, die Kühe und Blumenranken zeigen. Durchaus kunstvoll. Aber eine Galerie nur damit, ist das nicht unglaublich langweilig?

Ist es nicht. Fünf Minuten im «raum für schnittkunst», und man ist vom Schnittvirus infiziert. Und nach weiteren fünf Minuten, während derer man den beiden Inhabern Felicitas Oehler und Ruedi Weiss zugehört und einen zweiten Blick auf die ausgestellten Werke geworfen hat, reibt man sich die Augen. Kühe finden sich zwar durchaus. Auch Dekoratives, Schwarz-Weisses, Symmetrisches. Aber ebenso Handy, Auto und Rakete, Diskothek und Flughafen, Umweltzerstörung, Konsumgier, Koloriertes, im Raum Stehendes. Es gibt nichts, was es nicht gibt; nichts, was verboten wäre. Und alles auf einem Niveau, das Welten von den Schnipseleien der eigenen Kindergartenzeit entfernt ist.

Was gemeinhin als belächeltes Hobby gilt, ist längst zu einer ernst zu nehmenden, vielfältigen Kunstgattung geworden. Diesen Reichtum zu zeigen ist eines der Anliegen von Oehler und Weiss. Im stimmungsvollen Parterreraum ihres Wohn- und Arbeitshauses bieten sie den Schneidenden eine kleine, aber feine Bühne. Zwei- bis dreimal pro Jahr zeigen sie zusätzlich zum permanent zu sehenden Querschnitt einen breiteren Ausschnitt aus dem Werk einer Künstlerin oder eines Künstlers. Jeden der Eingeladenen kennen Oehler und Weiss persönlich. Sie wissen, wer spontan schneidet und wer alles akribisch vorzeichnet; wer bei der Arbeit mit Schere, Cutter oder Skalpell von wem inspiriert ist und wer von seiner Schnittkunst lebt.

So verschieden sie sind, eine Gemeinsamkeit teilen die Schneidenden doch: die innere Ruhe bei der Arbeit. Unter diesem Aspekt ist der Scherenschnitt – zeitkritisch oder nicht – nach wie vor ein Heilmittel gegen die Hektik unserer Zeit.

Adresse Golattenmattgasse 3, 5000 Aarau, www.ausschnitt.ch | **Anfahrt** A1 (Ausfahrt 49 Aarau-West), Richtung Zürich/Aarau, in Aarau im Kreisel bei McDonald's 2. Ausfahrt (Richtung Olten) nehmen, 1. Strasse rechts, geradeaus bis zum Obertorturm, von dort zu Fuss unter dem Turm hindurch, 1. Gasse links (Golattenmattgasse) | **Öffnungszeiten** nach Vereinbarung unter Tel. 062/8220705 oder felicitasoehler@grafikundtext.ch | **Tipp** Das Aargauer Kunsthaus: Es beherbergt eine bedeutende Sammlung von Schweizer Kunst vom 18. Jahrhundert bis in die Gegenwart.

3 Die Bahnhofsuhr
Die halb sichtbare Grosse

Die Uhr am Bahnhofsneubau bräuchte sich nicht zu verstecken. Aufgrund ihres Durchmessers von neun Metern kann sie das auch nicht. Eigentlich. Doch in einer Kantonshauptstadt ist nichts unmöglich.

Im August 2010, als sie ihren ersten Sekundenschlag tat, war die Welt noch in Ordnung. Jedenfalls tagsüber. Den Bahnhof durch den Haupteingang betreten und dabei die Uhr übersehen? Unmöglich. Dazu ist sie schlicht zu gross. Die Kelle des Sekundenzeigers allein hat schon einen Durchmesser von einem Meter. Übersehen konnte man die Uhr auch in der Dunkelheit kaum, bloss haperte es dann mit dem Ablesen der Zeit. Nachts sind tatsächlich alle Katzen grau – und schwarze Zeiger vor einem schwarzen Hintergrund nahezu unsichtbar. Theoretisch hätte man die Zeiger mit Leuchtelementen nachrüsten können. Dann aber wären sie stillgestanden. Allein der Minutenzeiger wiegt 150 Kilogramm. Für drei Zeiger dieses Kalibers war das Uhrwerk zu schwach. Man wartete ab. Vielleicht, so dachte man wohl, vielleicht wird mit der Neugestaltung des Bahnhofplatzes alles besser.

Drei Jahre vergingen, dann prangte am Bahnhof neben der zweitgrössten Uhr Europas (die grösste hängt im Bahnhof von Cergy-Saint-Christophe bei Paris) auch das weltgrösste Folienkissen. Aussergewöhnlich und gelungen überdacht es als «Wolke» den Bushof. Ein Blickfang im doppelten Sinn, denn nun konnte man die Zeit nicht nur im Dunkeln nicht ablesen, man konnte sie je nach Standort überhaupt nicht mehr ablesen.

Mit der wolkenbeschränkten Sicht wird man leben müssen. Dafür leuchten inzwischen dank einem leistungsfähigeren Uhrwerk nachts die Zeiger. Grösse allein ist eben nicht alles. Doch sie schützt vor Bubenstreichen wie jenem, der der Vorgängerin widerfuhr. Zum Abtransport ins Depot nach Erstfeld bereitgestellt, verschwand sie spurlos. Nach drei Tagen stand sie wieder da. Einer Neunmeteruhr wird so etwas kaum passieren.

Adresse Bahnhofplatz 3, 5000 Aarau | **Anfahrt** A1 (Ausfahrt 50 Aarau-Ost), Richtung Aarau/Rohr, ab Aarau den Wegweisern zum Bahnhof folgen | **Tipp** Über die Einstein-Passage des Bahnhofs mit ihrer Lichtinstallation ins Naturmuseum Naturama.

4 Das «Aarlux»
Eine Leuchte auf seinem Gebiet

Es werde Licht, dachte sie und kippte den Schalter. Doch das Dunkel blieb. Erschrocken hielt sie inne. Sie hatte mit allem gerechnet, nur nicht damit. Dabei hätte unsere Heldin eigentlich eher im umgekehrten Fall staunen müssen. «Heute ist alles selbstverständlich. Licht sowieso. Keiner interessiert sich mehr dafür, wie eine Lampe funktioniert.» Der das sagt, weiss, wovon er spricht. Seit Jahrzehnten vertreibt Eduard Buholzer Glühmittel, also jenen Teil der Lampe, der in den Leuchtkörper geschraubt oder gesteckt wird und die Welt erhellt. Bis vor Kurzem war diese Aufgabe der Glühbirne vorbehalten. Seit deren Verbot sind es andere Technologien wie Halogenlampen oder lichtemittierende Dioden, kurz LEDs, die um die Wette leuchten. Gemäss Bundesrat gibt es in der Schweiz übrigens gar kein «Technologieverbot für Glühlampen», sondern lediglich «Anforderungen an die Energieeffizienz von Lampen». Wie dem auch sei: Klassische Glühbirnen darf Buholzer keine mehr verkaufen. Sehr zum Ärger der Kunden, die an diesem Vormittag nach Ersatz für ihre durchgebrannten Birnen suchen. Und das sind nicht wenige.

Eigentlich ist Buholzer Grossist und beliefert Firmen. Es hat sich aber längst auch unter den Privatleuten herumgesprochen, dass man bei ihm schier jede erdenkliche Birne findet. Egal, ob es um Taschenlampe oder Sportplatzleuchte geht: Buholzer hilft gern, wieder Licht ins Dunkel zu bringen. Rund 5.500 verschiedene Glühmittel hat er in seinem Lager. Von wegen Lampe ist Lampe.

Einst wurden auch in Aarau Glühlampen produziert. Buholzer, der schon immer Freude am Alten hatte, besitzt neben weiteren – nachgerade antiken – Raritäten noch originalverpackte Aarauer Birnen. Alte Sicherungen und Amperemeter hat er ebenfalls aufbewahrt. Davon profitiert nun das Stadtmuseum «Schlössli», dem der leidenschaftliche Lichtsammler einen beträchtlichen Teil seiner Schätze geschenkt hat.

Adresse Tellistrasse 118, 5000 Aarau, Tel. 062/8220403 und 062/8227170 | **Anfahrt** A1 (Ausfahrt 50 Aarau-Ost), Richtung Aarau/Rohr, Schnellstrasse bei Ausfahrt Rohr verlassen, Richtung Aarau Telli, im Kreisel die 2. Ausfahrt (Tellistrasse) nehmen | **Öffnungszeiten** Mo–Fr 7.30–12 Uhr, 13.30–18 Uhr; Sa 9–12 Uhr | **Tipp** Kultur in der alten Futterfabrik: Das KiFF liegt auf dem gleichen Areal und ist ein Mekka für Freunde alternativer Kultur.

AARAU

5 Die Sammlung Kern
Was Spinnenfäden, Dufour, NASA und Churchill verbindet

Ganzen Schülergenerationen hat sich das Logo ihres Zirkels ins Gedächtnis eingebrannt. Doch hinter dem Namen Kern steckt mehr als nur ein ehemaliger Reisszeughersteller. Das weiss man spätestens, wenn man die gleichnamige Sammlung besucht hat. Hüterin der mehr als 1.700 Ausstellungsstücke, die 1988 und 1991 der Stadt Aarau geschenkt wurden, ist das Stadtmuseum. Dieses hat die Instrumente, Pläne, Kataloge, Skizzen, Werbefilme und Firmendokumente in der eigens dafür renovierten ehemaligen Zivilschutzanlage beim Museum untergebracht. Wo 1995 für kurze Zeit Menschen eine Notschlafstelle fanden, trifft man nun auf den 1835 für Guillaume-Henri Dufour für die Triangulation zur Landeskarte 1:100.000 in Handarbeit hergestellten Borda-Kreis. Absteckungs-Theodolite für den Gotthard- und den Simplontunnelbau finden sich neben dem einst kleinsten und mit einer Abweichung von 0,1 Millimetern auf 100 Meter genauesten Distanzmessgerät für den Feldgebrauch. Auch Teilkreismaschinen sind zu sehen.

Die Firma Kern war berühmt für die Präzision ihrer Skalen. Da das Fadenkreuz der optischen Instrumente früher aus Spinnenfäden bestand, betrieb Kern sogar eine kleine Spinnenzucht und war bis um 1980 in der Lage, «verschwundene» Fadenkreuz-Spinnenfäden neu aufzuziehen.

Interessant sind auch die Nummernbücher. Dank der erhaltenen 64 Bücher ist es für den Zeitraum von 1893 bis 1979 in vielen Fällen möglich, via Gerätenummer Näheres über den Hintergrund eines Instruments herauszufinden. Berechnungstabellen und Korrespondenz im Zusammenhang mit den Hochleistungs-Objektiven, die Kern für die amerikanische Raumfahrtbehörde NASA entwickelte und die bei den Mondflügen Apollo 10 und 11 eingesetzt wurden, sind ebenfalls vorhanden. Selbst Winston Churchill fehlt in den Unterlagen nicht. So wurde die Geschäftsleitung 1950 wegen einer Kostenbeteiligung an dessen Ferien in Bad Zurzach angefragt.

Adresse Stadtmuseum Aarau, Schlossplatz 23, 5000 Aarau, www.museumaarau.ch | **Anfahrt** A1 (Ausfahrt 49 Aarau-West), Richtung Zürich/Aarau, in Aarau im Turbinen-Kreisel 1. Ausfahrt (Richtung Zentrum) und im nächsten Kreisel 3. Ausfahrt (Richtung Zentrum) nehmen, nach der Kreuzung leicht links (Richtung Olten/Frick), der Strasse folgen bis zum Parkplatz Mühlematt, zu Fuss via Treppe-Schlösslirain zum Schlossplatz | **Öffnungszeiten** nach Absprache unter www.kern-aarau.ch oder Tel. 062/8360517 | **Tipp** Der «Aufschluss Meyerstollen» im Bahnhof: Er gibt einen Einblick in das Stollensystem unter der Stadt.

6_ Der Weg Aarau–Amerika
Zu Fuss in die Neue Welt

Von wegen jenseits des Ozeans. Rund 1,5 Kilometer vom Kunsthaus und zehn Meter von der ehemals gelben Sonne des Planetenwegs Aarau–Kölliken entfernt beim Oberholz: Dort befindet sich Amerika. Besser gesagt: Dort steht das Holzschild, ohne das man Amerika achtlos links liegen liesse. Vor Amerika erstreckt sich eine Wiese. Amerika selbst ist von Bäumen und Büschen bedeckt. So gehört sich das auch, schliesslich ist Amerika ein Gemeindewald.

Hierzulande scheint man Amerika zu lieben. Die Suche in der Onlinedatenbank ortsnamen.ch der schweizerischen Ortsnamenforschung ergibt jedenfalls 19 Amerikas – inklusive einem Chlii und einem Nordamerika. Das Beunruhigende dabei: Jenes von Aarau ist nicht darunter. Ob Peter Bichsel recht hat? «Amerika gibt es nicht», schrieb er in seinen Kindergeschichten. Befindet sich im Oberholz ein inexistenter Ort? Möglich wär's, immerhin beteuerte die Frau an der Restaurantkasse auch der Panik nahe: «Was Sie da auf dem Tablett haben, das gibt's gar nicht!»

Das «Inventar historischer Verkehrswege der Schweiz» lässt aufatmen. Amerika gibt's sehr wohl! Das Blatt AG 1076 Aarau–Amerika beschreibt sogar den Weg dorthin: Vom Kunsthaus geht's via Kunsthausweg und Renggerstrasse bis zum Ende der Tannerstrasse. Und schon liegt Amerika vor einem. Folgt man dann noch dem unasphaltierten Amerikaweg, stösst man bald auf das besagte Schild.

Dafür, wie der der Kontinent einst nach Aarau gelangte, gibt es verschiedene Erklärungen. Der gängigsten zufolge hat die Gemeinde mit dem Erlös des Holzschlags Mitte des 19. Jahrhunderts Auswanderungswillige unterstützt. Ein einmaliger Zustupf sei die Behörden günstiger gekommen, als die in wirtschaftliche Not Geratenen in der Schweiz für unbestimmte Zeit durchfüttern zu müssen. Eine andere besagt, dass ein Teil des Stephanwaldes 1817 abgeholzt worden war, damit die hungernden Aarauer weitere Pflanzgärten anlegen konnten.

Adresse Der historische Verkehrsweg Aarau–Amerika führt via Kunsthausweg, Renggerstrasse, Tannerstrasse, Amerikaweg nach Amerika. | **Anfahrt** A1 (Ausfahrt 49 Aarau-West), Richtung Zürich/Aarau, in Aarau im Kreisel bei McDonald's 2. Ausfahrt (Richtung Olten) nehmen, der Strasse bis zum Parkplatz folgen, zu Fuss zum Kunsthausweg (1. Fussweg rechts) zurückgehen | **Tipp** Der Planetenweg Aarau–Kölliken: Das Sonnenmodell des 6 Kilometer langen Wegs ist wenige Meter von Amerika entfernt.

7 Die Aarewaage
Wenn die Waagschale kippt

Die Mechanik der Waage ist kompliziert. Um sie zu verstehen, schaut man sich am besten das Schema auf dem Känzeli bei der Wetterstation an. Damit man die Erklärung lesen kann, braucht es möglicherweise zuerst eine tatkräftige Möwendreck-Abwisch-Intervention. Passend irgendwie, schliesslich geht es bei der Waage nicht um eine ausgeklügelte menschliche Apparatur, sondern um ein Naturphänomen; dass ein Fluss rückwärtsfliesst, gibt es ja nicht alle Tage. Dies hat auch das Bundesamt für Umwelt erkannt und die Aarewaage 1996 in das «Bundesinventar der Landschaften und Naturdenkmäler von nationaler Bedeutung» aufgenommen.

Wie die Waage theoretisch funktioniert, wird zwar auf dem Känzeli erklärt, praktisch beobachten lässt sich das Phänomen jedoch eher vom rechten Brückenende her. Genau genommen fliesst die Aare nicht einfach rückwärts, sondern ein Teil davon prallt in Strömungsrichtung gegen den Felsriegel, auf dem die Festung thront, und staut sich im natürlichen Hafenbecken, während der Rest fast im rechten Winkel zur ursprünglichen Richtung weiterfliesst. Entlang der Zone, wo das fliessende und das ruhige Wasser aufeinandertreffen – nahezu in der Flussmitte –, entstehen Wasserwalzen. Diese lassen den Wasserspiegel im Becken um einige Zentimeter ansteigen. Nach ein paar Minuten wird der Druck des aufgestauten Wassers zu gross. Es fliesst entgegen der Hauptströmung aus dem Becken ab. Verstärkt wird diese Gegenströmung durch die beiden Bäche, die im Becken in die Aare münden.

Nicht nur die Aarbiger lieben ihre Woog, auch die Wasservögel mögen sie. Neben den erwähnten Möwen tummeln sich etliche Enten im Becken. Stockenten seien das sowie Tafel- und Reiherenten, erklärt ein Einheimischer. Der Mann kennt sogar die «entischen» Familienverhältnisse. Noch ist der eine Erpel allein. Ist genug Wasser die Aare hinaufgeflossen, hat hoffentlich auch er ein Weibchen gefunden.

Adresse Die Informationstafel zur Aarewoog steht auf dem Wetterkänzeli, Aarequai, 4663 Aarburg. | **Anfahrt** A 1 (Ausfahrt 46 Rothrist), im Kreisel 2. Ausfahrt (Neue Aarburgerstrasse), geradeaus auf die Hofmattstrasse, der Strasse bis ans Ende folgen, links abbiegen (Bahnhofstrasse), sofort wieder links (Landhausstrasse). Der Aarequai verläuft parallel zur Landhausstrasse. | **Tipp** Die Festungsanlage Aarburg: Sie kann von Frühling bis Herbst jeden Sa geführt besichtigt werden.

8 — Der Tausend-Stimmen-Tunnel
Der versiegte Geschichtenstrom

Das Projekt ist gut, jedenfalls in der Theorie. Seine Existenz verdankt es der OKUA oder Ortskernumfahrung. Seit es sie gibt, zwängt sich der Verkehr der Nord-Süd-Route (Basel–Chiasso) und der Ost-West-Route (Bern–Zürich) nicht mehr durchs Städtchen, sondern unterfährt es in zwei Tunneln.

Da der OKUA-Gesamtkredit auch einen Betrag für «Kunst im öffentlichen Raum» enthielt, existiert seit Anfang 2008 obendrein ein Geschichtentunnel direkt über einem der Tunneleingänge. Sein Grundkörper besteht aus vier optisch aufgeputzten Betonringen, wie sie im Tiefbau verwendet werden, jeder mit einem Durchmesser von 350 Zentimetern. Verbunden sind die Ringe mit Zwischenteilen aus Lärchenholz. Diese wirken wie schmale Häuschen. Der letzte Ring wird von getöntem – und inzwischen graffitiverziertem – Panzerglas abgeschlossen. Der Blick auf die Strasse ist trotz der Verzierung gut, die versprochenen Geschichten aber hört man nicht. Auf der Projektwebseite wird schnell klar, warum: Die Software, die die Wiedergabe der Texte steuert, ist so eingestellt, dass die Erzählungen nach und nach verstummen, wenn keine neuen dazukommen. Bis auf vier bis fünf Texte stammen alle von Ende 2007.

Im Internet ist nach wie vor zu hören und zu lesen, was die Aarbiger bisher über ihre Stadt erzählt haben. Eine kunterbunte, unterhaltsame Mischung. Lässt man sich die Geschichten allerdings von Stefan oder Kathrin vorlesen, ist man nicht unbedingt traurig, dass die beiden synthetischen Stimmen im öffentlichen Raum schweigen. Dennoch ist es schade, dass der Tausend-Stimmen-Tunnel verstummt ist. Wäre die Wiederbelebung der Skulptur nicht etwas für die Schulkinder des Ortes? Sie wüssten bestimmt so manches zu berichten. Trügen sie die Texte zudem selber vor, könnten Stefan und Kathrin getrost für immer stumm bleiben.

Adresse Bahnhofstrasse, 4663 Aarburg, 1000stimmen-tunnel.aarburg.ch | **Anfahrt** A 1 (Ausfahrt 46 Rothrist), im Kreisel 2. Ausfahrt (Neue Aarburgerstrasse), geradeaus auf die Hofmattstrasse, der Strasse bis ans Ende folgen, rechts abbiegen (Bahnhofstrasse) | **Tipp** Das 1000er-Stägli: Die 1.150 Stufen am Aarbiger Hausberg «Born» überwinden 244 Höhenmeter mit einer Steigung von 47,3 Prozent.

9 Das Skigebiet Asp
Aspen auf Aargauisch

Erst zweimal war der Winter im Durchschnitt wärmer als 2013/2014. Als Folge davon fiel die Skisaison nördlich der Staffelegg buchstäblich aufs Gras. Was sich in der Statistik von René Arnet richtig dekorativ ausnimmt – der dritte Grasbüschel, seit er die Aufzeichnung führt –, bereitet den Fans des Skilifts AG 1 möglicherweise schlaflose Nächte. Doch Arnet trägt das Grün mit Fassung. «Null Skitage gibt's hier immer wieder, das ist doch kein Grund, aufzuhören. Und sowieso: Raclette oder Risotto essen in der Skihütte kann man auch ohne Schnee.» Recht hat der Mann. Die kleinen und grossen Skifahrer können also aufatmen.

Die Welt wäre um vieles ärmer ohne Menschen wie René Arnet und Hans Schneider. Jahr für Jahr rammen die beiden, unterstützt von weiteren Helfern, Ende November die Eisen für die Talstation in den Boden, stellen Beleuchtungsmasten auf, ziehen Stromleitungen, leisten an Schneetagen Skiliftdienst und, und, und. Das alles in der Freizeit notabene. Die Fans des Mini-Skigebiets danken es ihnen, indem sie wacker Saisonkarten kaufen. Und als der alte Schlepplift den weiteren Einsatz verweigerte, hätten sogar mehr als die 46 Bügel des neuen an die Sponsoren gebracht werden können.

Stundenlange Abfahrten und einen Kronprinz Charles sucht man in Asp natürlich vergebens. Auch Weltcuprennen werden hier – trotz Namensähnlichkeit mit dem grossen Bruder in Colorado – keine ausgetragen. Doch wer will schon Mondänität und Gigantismus, wenn er einen familiären, lawinensicheren Schneeplausch haben kann. Auf der traktorgewalzten Piste fühlen sich auch die Kleinsten wohl. Und läuft der Lift für sie einmal zu schnell, verlangsamen die Betreiber ihn einfach.

Richtig stimmungsvoll wird es, wenn sich ein Fackelwurm im Schneepflug durch die Dunkelheit schlängelt. Überhaupt: Das Nachtskifahren, es ist auch auf einer 300-Meter-Piste ein Erlebnis, das man nicht so schnell vergisst.

Adresse Ringweg, 5025 Asp, www.skilift-asp.ch | **Anfahrt** A 3 (Ausfahrt 17 Frick), Richtung Aarau/Ueken, bei Abzweigung Asp rechts, der Weg zum Skilift ist ausgeschildert | **Tipp** Der «Moto Senn» in Densbüren: für alle Harley-Fans. Wer das Besondere sucht: Airbrush-Profi Martin Günter macht's möglich. Info unter www.motosenn.ch und www.dreams-in-colors.ch.

10 Das Hexenmuseum
(Selbst-)Erkenntnis auch für Nichteingeweihte

Nach einem Rundgang durch die sechs Themenräume setzt man sich gern für einen Augenblick in die kleine Kaffeestube, schweigend, noch im Bann dessen, was man eben gesehen, gelesen und gehört hat. Abgrundtief böse, bucklig, eine Frau – so stellt man sich spontan eine Hexe vor. Hexe meint aber nicht eine bestimmte Person, die mit dem Teufel buhlt und zerstörerische Magie wirkt, sondern jemand, der zu seiner Kraft gefunden hat und im Einklang mit den Energien der Natur lebt. «Letztlich ist das Hexesein nichts anderes als eine Reise zu sich selbst», sagt Wicca Meier-Spring, Initiantin und Inhaberin des Hexenmuseums. «Ist jemand den Hexenweg zu seiner Mitte gegangen, strahlen seine Augen in einem besonderen Glanz.»

Zu erzählen weiss Meier-Spring noch viel mehr. Dass man im Mittelalter kleine Heiligendarstellungen verschluckte, um sich vor Unheil zu schützen; daher kommt unser «Fresszettel». Dass man in die Kristallkugel blickt, um seinen Geist frei zu machen, und nicht, um in die Zukunft zu sehen. Dass Hexen im Volksglauben ursprünglich auf Melkschemeln, Heugabeln und Brotschaufeln ritten und erst später auf Besen.

Am bedrückendsten ist der Einblick in die Zeit der Hexenprozesse. Nicht dass er in Form einer mittelalterlichen Folterkammer geschähe. Vielmehr machen endlose Namenslisten bewusst, dass Hexenverfolgungen 350 Jahre lang auch in der Schweiz eine Realität waren – sogar im beschaulichen Auenstein – und unsere Vorfahren betrafen. Rund 10.000 Männern, Frauen und Kindern kosteten sie das Leben. Ganze Dörfer wurden ausgerottet, Familiennamen für immer getilgt.

«Im Durchschnitt dauert ein Rundgang durch das Museum 90 bis 120 Minuten», heisst es in der Broschüre, die am Eingang ausliegt. Auch wer sich nicht so viel Zeit nehmen kann, wird wissender gehen, als er gekommen ist – ganz besonders, wenn er sich genau dort umsieht, wo es ihn spontan hinzieht.

Adresse Mühliacherweg 10, 5105 Auenstein, www.hexenmuseum.ch | **Anfahrt** Route 24 (Frick/Aarau), im Kreisel nach der Staffelegg 3. Ausfahrt (Bibersteinerstrasse), geradeaus weiter auf die Auensteinstrasse, der Strasse bis Auenstein folgen, am Ende des Dorfes nach der Ortstafel «Fahr» rechts abbiegen (Mühliacherweg) | **Öffnungszeiten** Mi 14–17 Uhr, Fr 14–18 Uhr, ein So im Monat 14–17 Uhr, Vollmondnacht 20–22 Uhr. Von Ende Dez.–März nur beschränkt geöffnet. Kindern unter 11 Jahren ist der Zutritt verwehrt. | **Tipp** Individuelle Schoggiformen am Schlossweg 2 in Veltheim. Info unter www.andiluescher.wix.com/schoggiformen.

11 Der Maria-Bernarda-Besinnungsweg

Besinnung für zwischendurch

Die Anreise mit öffentlichen Verkehrsmitteln wirkt entschleunigend. Zum einen, weil das Postauto nicht gerade oft fährt und auf der schmalen Strasse nach Auw hinein seine Geschwindigkeit drosseln muss; zum andern, weil sich der Fahrer hier noch die Zeit nimmt, einige Worte mit dem Spaziergänger am Strassenrand zu wechseln.

Grasende Kühe, in der Ferne die Alpen – ein passender Geburtsort für eine Heilige. Offiziell gilt die 1848 als Verena Büttler in Auw geborene, 1924 in Kolumbien als Mutter Maria Bernarda gestorbene und am 12. Oktober 2008 heiliggesprochene Ordensschwester als erste Heilige der Schweiz. Und was ist mit Widabora aus St. Gallen, die eingeschlossen in einer Klosterzelle lebte? Immerhin wurde die Inklusin bereits 1047 heiliggesprochen. «Damals gab es die Schweiz noch nicht, darum ist Widabora keine echte Schweizerin», verteidigt Auw seine Heilige. Nun denn, die beiden Frauen dürften eh weit über solch profanen Diskussionen stehen. Und wenn schon nicht die erste Heilige der Schweiz, so ist Widabora immerhin unangefochten die erste heiliggesprochene Frau überhaupt.

Maria Bernarda zu Ehren hat Auw 2009 einen Rundweg geschaffen. Er ist etwas länger als einen Kilometer und kann gut auch mit Kinderwagen begangen werden. Ausgangspunkt ist die Pfarrkirche St. Nikolaus. Wegweiser führen einen von Station zu Station. Insgesamt gibt es deren fünf, die – keine Selbstverständlichkeit bei solchen Installationen – alle bestens gepflegt sind. Man muss keinen christlichen oder religiösen Hintergrund haben, um den Weg mit Gewinn zu gehen. Begehbare Spirale, Kugelstosspendel, eingegossener Keim, wandernder Leitstern und rotierende Erdkugel – sie alle bieten Impulse zum Nachdenken: Was führt mich in meine Mitte? Was setze ich in Bewegung? Was für Spuren hinterlasse ich … Und wer nicht denken will, geniesse einfach die Natur.

Adresse Pfarrkirche Auw, Mühlauerstrasse 4, 5944 Auw, www.auw.ch | **Anfahrt** Der Route 25 (Muri/Sins) bis zur Pfarrkirche Auw folgen, vor der Kirche links (Mühlauerstrasse) | **Tipp** Die Reusseggmauer: Keiner weiss, ob es sich bei der Steinreihe im Wald zwischen Reussegg und Auw wirklich um eine prähistorische Grenze handelt. Info unter www.erratiker.ch.

12 — Die Alte Schmiede
Wo Industriezeitzeuge und Jugendkultur sich vermählen

Noch um die Jahrtausendwende wurde ihr Abbruch diskutiert; im Juni 2011 wurde sie unter kantonalen Denkmalschutz gestellt; und ab Herbst 2015 beherbergt sie, altlastenbereinigt und unter denkmalpflegerischen Gesichtspunkten saniert, das Jugendkulturlokal «Werkk», vormalig «Merkker»: die Alte Schmiede. Die ehemalige Werkhalle auf dem Areal der ABB ist rund 50 Meter lang, 16 Meter breit und – bis zum First gemessen – 16 Meter hoch. Dies macht sie noch nicht zu einer Besonderheit, ihre Bauweise hingegen schon.

Dem Laien stechen zuerst die ziegelroten Sichtbacksteine ins Auge. Wohltuend heben sie sich vom Industriegrau der Umgebung ab. Und dann natürlich die Firstlaterne mit ihren Fensterfronten und der Uhr an der Stirnseite. Diese Konstruktion hänge mit der ursprünglichen Gebäudenutzung zusammen und diente der Lüftung, erklärt Bruno Schürpf, der die Sanierung leitet.

Eine weitere Eigentümlichkeit erkennt man erst, wenn man die Halle betritt: Der Dachstuhl ist offen und ganz aus Stahl gefertigt. Die für einen Industriebau geradezu filigrane Konstruktion trägt das ziegelgedeckte Satteldach. Im Rahmen der Sanierungsarbeiten wurde sie bis auf die letzte Schraube kontrolliert und überholt. Auch das Fachwerk der Wände besteht vollständig aus Stahl. Für Industriebauten des frühen 20. Jahrhunderts war diese Bauweise charakteristisch, heutzutage ist sie fast nirgends mehr anzutreffen.

Die Tatsache, dass der grössere Teil der Industriehalle auch nach dem Einbau der Jugendkulturräume leer und als Halle erhalten bleiben wird, ist ein aussagekräftiges Sinnbild für die Philosophie des «Werkk»: offener Kultur- und Begegnungsort für die 16- bis 25-Jährigen zu sein. In einem gewissen Sinn findet die Alte Schmiede damit zu ihrer Bestimmung zurück: Es wird darin wieder geschmiedet werden. Kein hochlegierter Stahl der Zukunft, sondern Erfahrungen, Sozialkompetenzen und Freundschaften.

Adresse Schmiedestrasse 1, 5400 Baden, www.werkk-baden.ch | **Anfahrt** A 1/ A 3 (Ausfahrt 54 Baden-West), Richtung Zürich / Baden, in Baden bei der grossen Kreuzung links (Richtung Basel / Brugg), nach dem Gebäude der ABB Turbocharging links (Schmiedeplatz) | **Öffnungszeiten** Werkk Kultur gemäss Programm auf http://werkk-baden.ch/kultur/programm; Werkk Mittagsbeiz Mo–Fr 11.30–14 Uhr; Werkk Beiz Di 19–24 Uhr, Mi / Do 17–24 Uhr, Fr / Sa 20–2.00 Uhr | **Tipp** Der Panoramalift: Die Aussichtskabine verkehrt zwischen dem unteren Bahnhofplatz und der Limmatpromenade.

13 Die Frau Meise
Klein, aber oho

Seit Jahrhunderten säumen sie die Gassen des Quartiers: Das Haus zum Seiltänzer, das Haus zum Dattelbaum, das Haus zur Meise und wie sie alle heissen. Ein Ort, wo sogar Häuser Namen tragen, muss ein guter Ort sein. Auf das Meisenhaus, das 1520 gebaut wurde, trifft das auf jeden Fall zu. Urgemütlich ist es darin, mit einem Hauch von Belle Époque und heimeliger Unkompliziertheit. Für das Belle-Époque-Gefühl sind die alten Fünfsternehotel-Jugendstilmöbel verantwortlich; einst verwöhnten sie Europas Oberschicht auf dem Bürgenstock, nun heissen sie die Meise-Gäste willkommen. Die Wohlfühlatmosphäre wird von Claudia Nabholz und ihrem Team verbreitet. 2009 erfüllte sich die Sozial- und Wirtschaftspsychologin mit der Kombination von Café und Boutique einen Traum. Als im Meisenhaus zwei Einzimmerwohnungen frei wurden, wandelte Nabholz sie in Pensionszimmer um. Konzerte und Lesungen gibt's bei «Frau Meise» auch; und ja, die Kleider in der Boutique stammen aus Nabholz' eigener Kleiderlinie.

Das Meisen-Essen schmeckt wie bei Muttern. Mit gutem Grund: Es ist Mama Meise, die kocht und backt. Was nicht aus ihrer Küche stammt, kommt in der Regel aus der Bauernhofbackstube – die salzigen Freitagswähen zum Beispiel und das Holzofenbrot – oder wird direkt im Café hergestellt.

Legendär ist das Frühstück. Wo sonst, ausser daheim, kann man bis um 16 Uhr zmörgele? Entsprechend gewagt ist es, vormittags auf einen freien Tisch zu hoffen. Wer den Tag kulinarisch mit Grosi Meises Konfi beginnen will, sollte darum unbedingt reservieren – für einen Wochenendtermin bis zwei Wochen im Voraus. Rund 105 Kilogramm Früchte verarbeitet Grosi Meise pro Sommer übrigens zu Konfitüre, und das mit über 85 Jahren.

Auch die Romantik fehlt im Meisenhaus nicht: «Schwäne gelten ja als monogam, darum heisst unser Frühstück für zwei Schwanenfrühstück», sagt Nabholz und lacht verschmitzt.

Adresse Untere Halde 15, 5400 Baden, www.fraumeise.ch | **Anfahrt** A1/A3 (Ausfahrt 55 Neuenhof), Richtung Baden, in Baden bei der grossen Kreuzung rechts (Richtung Bad Zurzach/Wettingen), gleich nach der Kreuzung 2. links (Kirchweg), sofort rechts (Grabenstrasse), 3. rechts (Untere Halde: Fahrverbot!) | **Öffnungszeiten** Sept.–Mai Mi–Mo 9.30–18 Uhr, Di Ruhetag; Juni–Aug. Mi–Mo 9.30–16 Uhr, Di Ruhetag | **Tipp** Schuhe von der 120 Jahre alten Schuhmachermaschine gibt es an der Unteren Halde 13. Info unter www.schuhhalt.ch.

BADEN

14 Das Hosensackmuseum
Kreiselfedernsteinegümmeli- und sonstige Schätze

Als Erwachsener muss man den Kopf einziehen, wenn man den Torbogen durchschreitet. Das eigentliche Zielpublikum hingegen erreicht sein Museum erhobenen Hauptes. «HosenSackMuseum» wölbt sich weiss auf rot über dem Durchgang. Damit ist klar, was es mit dem klitzekleinen Raum im Untergeschoss des Kindermuseums auf sich hat. Jedenfalls fast.

Wäre da nicht die beleuchtete Vitrine mit den vier Tablaren an der Wand, man fühlte sich wie in einer Telefonkabine. Oder wie in einem Hosensack. Doch die Bezeichnung «Hosensackmuseum» spielt nur indirekt auf die «Kleine» des Ausstellungsraumes an. In erster Linie geht es um die Art und Weise, wie das Ausgestellte seinen Weg in die Vitrine findet: via Hosensack eines sammelnden Kindes nämlich. Zumindest war es vor 29 Jahren so, als das Kindermuseum eröffnet wurde. «Heute findet man diese Art des Sammelns leider kaum mehr», bedauert Kurator Marcel Kaysel. «Beeinflusst durch die Sammelaktionen der Grossverteiler, sammeln die heutigen Kids anders und anderes. Wenn sie überhaupt noch sammeln. Die Szene ist längst nicht mehr so lebendig wie früher.» Umso mehr freut sich Kaysel über jedes Kind, das seine Schätze mit Herzblut und Leidenschaft zusammenträgt. Meldet es sich dann noch an der Museumskasse, weil es sie gern im Hosensackmuseum ausstellen möchte, umso besser.

Ob Gümmeli, Littlest-Pet-Shop-Tierchen, Getränkedeckeli oder Schneekugeln: Einschränkungen dafür, was ausgestellt werden darf, gibt es keine. Wichtig ist lediglich, dass der Sammel- und Ausstellungsimpuls vom Kind ausgeht, dass es drei bis vier Monate lang auf seine Schätze verzichten kann und dass die Eltern mit der Aktion einverstanden sind. Dass der junge Besitzer mit seinen Eltern und Geschwistern für die Dauer der Ausstellung freien Zugang zum Haus hat, versteht sich von selbst.

Die Sammlung früher zurückhaben wollte übrigens noch keiner der kleinen Aussteller.

HosenSackMuseum

Adresse Schweizer Kindermuseum, Ländliweg 7, 5400 Baden, www.kindermuseum.ch | **Anfahrt** A1/A3 (Ausfahrt 55 Neuenhof), Richtung Baden, in Baden vor der grossen Kreuzung rechts (Ländliweg), Parkhaus benützen | **Öffnungszeiten** Di–Sa 14–17 Uhr, So 10–17 Uhr | **Tipp** Der Tüfels-Chäller: Im Naturreservat zwischen Mellinger- und Neuenhoferstrasse hat es Felstürme, Höhlen und Schluchten.

15 Die Schimpfmaschine
Du über-kreuzdämlicher Pissoir-Totsch

Eigentlich ist die Kantonspolizei schuld, dass man in Baden hemmungslos beschimpft wird. Sie toleriert nämlich keine beweglichen Laufschriften entlang der Kantonsstrasse. Damit war Projekt eins zum Thema «Kunst am Bau fürs Nordportal» gestorben, bevor auch nur ein einziger Buchstabe über die Gebäudefassade gewandert war. Ein Schuft, wer denkt, der Frust der beiden Künstler über die vergebliche Arbeit hätte irgendetwas mit dem neu eingereichten Projektvorschlag zu tun gehabt: der Schimpfmaschine. Wie auch immer, die Idee der maschinellen Beschimpfung gefiel – was wiederum all jene Lügen straft, die behaupten, den Schweizern fehle es an Selbstironie.

Nun ist das mit dem Beschimpfen nicht so einfach, wie man gemeinhin denkt. Was locker-flockig über die Lippen kommt, wenn man sich grad mit dem Hammer auf den Daumen haut, setzt eine Arbeit wissenschaftlichen Ausmasses voraus, soll es quasi institutionalisiert und mit Hilfe einer Maschine erfolgen. Die Mühe hat sich gelohnt. So etwas Kreatives wie «erz depperter furzkisten-heiland» oder «samtweich durchgeknallter bonsai-mister-schweiz» entlockt einem kein Hammer.

Beschimpft wird nur, wer neugierig oder mutig genug ist, den schwarzen Knopf zu drücken und zu warten, bis die vier Fallblattmodule, die dadurch in Bewegung gesetzt werden, zur Ruhe gekommen sind. Jedes Modul enthält 52 Ausdrücke. 7.311.616 Beschimpfungen lassen sich daraus kombinieren, für fast jeden Schweizer eine. Die Auswahl der viermal 52 Ausdrücke, sodass sie in jeder Kombination miteinander funktionieren, kostete Beat Gloor und Marc Covo nicht wenige Denk-, Arbeits- und Entscheidungsschweisstropfen. Die Adjektive in die männliche Form zu setzen und die Maschine dadurch frauenfreundlich schimpfen zu lassen, verursachte nur einige davon. Doch seien wir ehrlich, eine Zicken-Maschine täte auch not. Vielleicht vor der Alten Schmiede?

Adresse Nordportal, Schmiedestrasse 12, 5400 Baden, www.schimpfmaschine.ch | **Anfahrt** A1/A3 (Ausfahrt 54 Baden-West), Richtung Zürich/Baden, in Baden bei der grossen Kreuzung links (Richtung Basel/Brugg), nach dem Gebäude der ABB Turbocharging links (Schmiedeplatz), 1. rechts (Schmiedestrasse) | **Tipp** Die Videojukebar des «Royal»: Donnerstags wird die Bar im Musik- und Kulturlokal an der Bahnhofstrasse 39 zur Videojukebar.

BADEN

16 Der Schindler Lift Nr. 2
Der geliftete Pensionär

Manchmal ist die Nummer zwei die eigentliche Nummer eins. Für den Aufzug im «Atrium-Hotel Restaurant Blume» gilt das auf jeden Fall. Seit 1898 pendelt der nunmehr älteste Schindler Personenlift der Welt unermüdlich auf und ab. Nicht schamvoll versteckt in einem dunklen Schacht, sondern offen und von allen Seiten einsehbar im pflanzengeschmückten Atriumhof: vom SPA im Parterre zur Apéro-Etage im zweiten Stock, hinunter zur Réception, hinauf zu den Hotelzimmern, hinunter zum Atriumrestaurant, hinauf zu den sechs Wellensittichen.

Auf Knopfdruck schnurrt er herbei, so leise, als gehöre er zu den Jungen. Tatsächlich stammen Motor und Steuerung von 2003. Die Jahre gehen auch an einem Aufzug nicht spurlos vorüber. Ursprünglich wurde der ältere Herr übrigens mit Wasser-Gegendruck betrieben. Auf Strom umgestellt wurde er erst 1948. Gegengewichte, Führungsschienen und Kabine sind – bis auf ein kleines Facelifting – original: 2014 wurde der Spiegel durch ein Fenster ersetzt. Damit hat man auch während der Fahrt freie Sicht auf das glasbedeckte Atrium mit seiner Galerie. Das Wohlergehen liegt eben nicht nur im Wasser, wie es der Text «In Aqua Salus» im allegorischen Wandbild suggeriert; manchmal fährt es auch Lift.

Einen Hauch von Jahrhundertwendefeeling bekommt, wer die Kabine im Parterre nicht durch die moderne Tür verlässt, sondern durch die zweiflüglige Klapptür; eine wahrhaft ehrwürdige Weise, um in den SPA-Bereich und die Römerbäder zu gelangen. Apropos Klapptür: Sie ist zwar antik, die zugehörige Sicherheitstechnik jedoch ist es nicht. Ist die Tür nicht ordnungsgemäss geschlossen, steht der Aufzug still.

Selbstredend hat die «Blume» mehr zu bieten als einen Lift. Eine mit dem Aargauer Heimatschutzpreis ausgezeichnete Gastkultur zum Beispiel, einen Jugendstilsaal, Dekorationsmalereien … Und ein Atrium mit einem südlichen Flair, das der Seele guttut.

Adresse Kurplatz 4, 5400 Baden | **Anfahrt** A 1/A 3 (Ausfahrt 54 Baden-West), Richtung Zürich/Baden, in Baden bei der grossen Kreuzung links (Richtung Basel/Brugg), beim Lichtsignal rechts (Haselstrasse), den braunen Wegweisern «ThermalBaden» bis zum Hotel «Blume» folgen | **Öffnungszeiten** Informationen und Öffnungszeiten unter www.blume-baden.ch | **Tipp** Die Cava Bar: Die kleine Bar an der Unteren Halde 9 hat eine spezielle Getränkeauswahl sowie einen Gewölbekeller mit Billardtisch und Dartscheibe.

BADEN

17 — Das Turmreservoir
Schwindel mit Aussicht

Am Restaurant mit seinem hölzernen Turm und dem Spielplatz spaziert keiner vorbei, ohne es zu bemerken. Ob auch alle das achteckige Bauwerk wahrnehmen, das etwa 150 Meter weiter hinten zwischen den Bäumen steht? Je nach Lichtverhältnissen verschmilzt der graue Betonturm nämlich fast vollständig mit der Umgebung, sodass man ihn leicht übersieht. Wie schade. Und was für ein Glücksfall. Schade für diejenigen, denen das Abenteuer Turmbesteigung entgeht; ein Glücksfall für jene, die die 181 Stufen bis zur Aussichtsplattform unter die Fussohlen nehmen, ohne dabei mit völkerwanderungsähnlichen Zuständen kämpfen zu müssen.

Man kennt das Prinzip von der Achterbahn: Vom sicheren Boden aus wirkt ihre Höhe harmlos; sitzt man im Wägelchen, überkommt einen bereits auf dem Weg nach oben das Grausen. Ganz so schlimm ist es beim Turmreservoir nicht. Für ein leichtes Knieschlottern reichen die 38,4 Meter jedoch allemal. Dass sich die Treppe in einem eher engen Radius nach oben windet und über weite Teile nur ein Gitter zwischen Turmbesteiger und Abgrund steht, normalisiert den Puls nicht wirklich. Die junge Frau mit dem Zwergpinscher im Arm sieht jedenfalls blass aus, als sie den Aufstieg nach drei Windungen abbricht.

Es empfiehlt sich übrigens, die Sache nicht im Laufschritt anzugehen; auch bei einem gemässigten Tempo schlägt der Schwindel gnadenlos zu. Und will man nicht riskieren, dass im oberen Turmteil, wo die Wendeltreppe im Innern verläuft, plötzlich das Licht ausgeht, sollte man unterwegs präventiv einen der Lichtschalter drücken.

1985 erhielt das Turmreservoir den «Architekturpreis Beton»; darüber kann man diskutieren. Diskussionslos grossartig ist der Rundblick, der sich an klaren Tagen von der Aussichtsplattform aus bietet: Schwarzwald, Glarner Alpen, Berner Alpen – kurz: Berge noch und noch. Spätestens, wenn man die Jungfrau ausmacht, ist der Schwindel vergessen.

Adresse Baldegg 1, 5400 Baden | **Anfahrt** A 1/A 3 (Ausfahrt 54 Baden-West), Richtung Birmenstorf, 1. Abzweigung rechts (Segelhofstrasse), der Strasse bis zur Baldegg folgen | **Öffnungszeiten** Di–So 9–23 Uhr | **Tipp** Die Kernobstsammlung Münzlishausen: Bei den mehr als 1.000 Bäumen an der Baldeggstrasse 63 handelt es sich um seltene alte Sorten. Info unter www.prospecierara.ch.

BAD ZURZACH

18 Das Geschichtenhaus
Es liegt was in der Luft

Das Leben ist ein Auf und Ab, ein Werden und Vergehen, keine fein säuberlich aufgezogene Perlenkette, sondern ein aus unzähligen Geschichten und Begegnungen gesponnener Faden. Dieser Lebensfaden hängt nicht etwa lose in der Luft, sondern verwebt sich mit den zahlreichen Fäden anderer Leben, die ihn kreuzen, zu einem bunten Geschichtenteppich. Als unsichtbares Gespinst überzieht dieser Teppich die Welt. Manche sagen, man könne die Geschichten fühlen, die um einen herum in der Luft wabern, denn nichts gehe je verloren.

Es gibt immer wieder Orte, in deren Gedächtnis sich besonders viele Geschichten eingesponnen haben. Das «Hirschli» ist einer davon. Allein aufgrund seines Alters – es stammt aus dem 15. Jahrhundert – hat das Haus Unmengen erlebt. Dazu kommt seine besondere Bestimmung: Im romantischen, von einer Laube umschlossenen Innenhof, wie er typisch ist für die Bad Zurzacher Messehäuser, wurden einst Geschäfte abgeschlossen. Immerhin war Bad Zurzach, auch wenn man es sich heute nicht mehr so richtig vorstellen kann, bis 1855 ein internationaler Markt- und Handelsplatz.

Damals stand der Kornelkirschenbaum noch nicht im Hof des «Hirschli». Er hat aber sehr wohl mitverfolgt, wie das Autorenpaar Sybil Schreiber und Steven Schneider sich in das ehemalige Messehaus verliebt und es mit viel Gespür renoviert haben. Das Erdgeschoss des Hinterhauses nutzen Schreiber-Schneider als Lokal für ihre biografischen Schreibkurse. Die «Literaturküche» im Hinterhaus und die «Schreibsuite» im Vorderhaus kann man für Aufenthalte ab drei Tagen mieten. Wer die beiden Schreibwohnungen einmal gesehen hat, würde am liebsten für immer einziehen. Fernseher hat es keinen, dafür Musik, eine stilvolle Ambiance und Ruhe. Viel Ruhe. Unzählige Texte haben hier bereits den Weg aufs Papier gefunden – und sich zugleich eingewoben in den Geschichtenflor des Ortes.

Adresse Schwertgasse 4, 5330 Bad Zurzach, www.literaturkueche.ch | **Anfahrt** Route 7 (Koblenz/Kaiserstuhl) bis Bad Zurzach, rechts abbiegen (Baden/Brugg/Zurzach-Zentrum), am Ende der Strasse leicht rechts (Hauptstrasse), 1. links (Schwertgasse) | **Tipp** Das Verenamünster: Es entstand vor 1.600 Jahren über dem Grab der Heiligen Verena und gilt als Kraftort.

19 __ Die Wassersinfonie
Las-Vegas-Feeling im Zurzibiet

Was dem Bellagio recht ist, ist dem Kurpark billig. Das Wasser tanzt hier zwar nicht ganz so hoch wie in der Wüstenstadt, aber das Ambiente ist mindestens so stimmungsvoll. Wenn im nahezu schweigend daliegenden Park unvermittelt die Musik einsetzt, das Wasser in bunten Fontänen in die Höhe schiesst und sich die Kronen der umstehenden Bäume farbig auf dem nachtschwarzen Himmel abzeichnen, fühlt man sich wie im Märchen.

Eröffnet wurde das musikalische Wasserspektakel am 1. Juni 2007 anlässlich des 50-jährigen Bestehens der Stiftung «Bad Zurzach», heute «Gesundheitsförderung Bad Zurzach + Baden». Eine Gedenktafel bei der Sinfonie erinnert zudem an Jürg-Paul Weber, der die Thermalquelle AG Zurzach 1954 mitbegründete.

Ihre Wurzeln hat die Wassersinfonie allerdings nicht in Zurzach, ja nicht einmal in der Schweiz. Der Keim dazu wurde in Südafrika gelegt. Vor etwa 35 Jahren sah Stiftungsrat David Forster auf einer Ferienreise erstmals Wasser, das zur Musik tanzte. Wenn einer eine Reise tut, erfreut es später die Aargauer, kann man da nur sagen.

Was so mühelos und anmutig aussieht, ist das Werk einer ausgeklügelten Technik. Ein Computerprogramm steuert die rund 700 Düsen, zwölf Pumpen und 20 LED-Leuchten der Anlage. Sie auf die 14 Musikstücke, die insgesamt gespielt werden, abzustimmen dürfte eine Kunst für sich gewesen sein; ebenso, die 14 Stücke überhaupt auszuwählen. Die Zurzacher Mischung überzeugt. Sie reicht von rockig zu klassisch, von beschwingt zu pompös, von Gershwin zu Scorpions, von der «leichten Kavallerie» zu «Bridge over Troubled Water».

Das Ensemble aus Musik, Licht und Wasser wird übrigens nicht nur von Menschen geschätzt. Auch Marder lieben es. 2013 jedenfalls hatte ein kulturbeflissener Vertreter dieser Gattung die Steuerungsanlage und Kabel buchstäblich zum Fressen gern. Warum immer mer Zündkabel fressen, wenn's auch was Musikalisches sein kann.

Adresse Kurpark, 5330 Bad Zurzach | **Anfahrt** Route 7 (Koblenz/Kaiserstuhl) bis Bad Zurzach, rechts abbiegen (Baden/Brugg/Zurzach-Zentrum), 2. rechts (Dr.-Martin-Erb-Strasse), der Kurpark liegt links | **Öffnungszeiten** Spielzeiten von Ende April–Okt. jeweils Mi-, Fr- und Sa-Abend, genauere Info unter www.badzurzach.info | **Tipp** Das Mini- und Adventure-Golf im Papa-Moll-Land: Unter anderem müssen die Statuen der Osterinseln umspielt werden. Info unter www.zurzigolf.ch.

20 — Das Wegkreuz
Gottes Auge, Jesu Schutz und Antonius' Hilfe

Das granitene Wegkreuz im Grod, dem höchstgelegenen Gemeindeteil Beinwils, ist in mehrfacher Hinsicht speziell. Wie viele Wegkreuze können schon von sich behaupten, sechs Meter beziehungsweise zwei Stockwerke hoch zu sein. Wie hoch das ist, wird einem erst richtig bewusst, wenn man mit den Schuhspitzen den Sockel berührt und den Blick den gestuften Stamm entlang zum Scheitel wandern lässt. Zum Auge Gottes. Dieses schaut sozusagen aus himmlischer Höhe auf den Betrachter herab. Unter dem Gottesauge und dem INRI-Schriftband folgt eine auf das Wesentliche reduzierte Darstellung des gekreuzigten Christus: Kopf, Hände, Herz und Füsse. Memento moriendum esse – erinnere dich daran, dass du sterblich bist – mahnen der Schädel und die Gebeine unterhalb der Füsse Jesu.

Der Text im untersten Stammsegment enthüllt, warum das Kreuz 1763 hier errichtet wurde: um die Dörfer Beinwil, Winterschwil, Brunnwil und die Höfe Grüt und Grod vor Unheil zu bewahren. Ob man diese Aufgabe Jesus allein nicht zutraute oder ob es einen anderen Grund gibt, dass sich im zweiten Stammsegment eine Bildnische mit einer Statue des Heiligen Antonius befindet? Wie auch immer: Zusätzlich zu Jesus auf diesen Heiligen zu setzen ist weise. Es dürfte kaum einen besseren Fürsprecher bei Gott geben; warum sonst wäre Antonius' Zunge mehr als 780 Jahre nach seinem Tod unerklärlicherweise noch erhalten? Zum andern ist der Heilige quasi multifunktional. Ob Sozialarbeiter, Armer, Liebender, Verheirateter, Frau, Kind, Bäcker, Schweinehirt, Reisender, Bergmann, Pferd oder Esel, ob bei Fieber, Unfruchtbarkeit, teuflischen Mächten, Pest, Schiffbruch oder Krieg, Antonius hilft. Den Beinamen Schlampertoni trägt er laut Karl Hillenbrand, Generalvikar von Würzburg, allerdings zu Unrecht; für Verlorenes sei Antonius nicht zuständig. Bleibt zu hoffen, dass man in Beinwil nicht primär einen Suchhelfer braucht.

Adresse Grodhof, Grod 23, 5637 Beinwil (Freiamt) | **Anfahrt** Route 25 (Lenzburg/Zug), in Muri im Kreisel 1. rechts (Seetalstrasse), am Ende der Strasse links, an der nächsten Abzweigung leicht rechts, 1. Abzweigung rechts, nochmals rechts, der Strasse bis Grod folgen | **Tipp** Die Burkardskapelle: In der Krypta der Kapelle in der Beinwiler Pfarrkirche ruht der heilige Burkard. Unter den Dankesgaben für den Heiligen sind auch zwei Kanonenkugeln aus dem Zweiten Villmergerkrieg.

21 Das Geisterhaus
Das Huus, durch das die Friesen bruusen

Gesehen hat Kurt Ehrler die Friesen noch nie. Zum Glück. Denn mit dem jungen Bauern, der dem Friesenzug einst im Tenn des Hübelhauses auflauerte, nahm es ein schlimmes Ende. Das jedenfalls berichtet die Sage in der Beinwiler Dorfchronik. Der Körper des Mannes wurde zertrampelt und sein Gesicht bis zur Unkenntlichkeit entstellt. Den Nachbarn müssen beim Anblick des Leichnams die Haare zu Berge gestanden haben. Dabei sind die Friesen eigentlich nicht böse. Sie dulden einfach nicht, dass sie etwas zwingt, vom gewohnten Weg abzuweichen. Norddeutsche Sturheit, ist man versucht zu sagen.

Wie Meinrad Lienert 1915 in seinen «Schweizer Sagen und Heldengeschichten» erzählt, wurden die Friesen einst von Hungersnot und Überschwemmungen aus der Heimat in den Alpenraum getrieben. Besonders um die Wintersonnenwende lässt sie nun das Heimweh aus ihren Gräbern hervorkommen und zieht sie auf exakt jenem Weg an die Nordsee, auf dem sie in die Schweiz gewandert sind. Noch in der gleichen Nacht, sowie sie das Meeresrauschen vernommen haben, kehren sie wieder in ihre Gräber zurück.

Die Beinwiler Friesen steigen aus dem Grabhügel des Breitholzes. Bei den Grabungen im April 1932 stellte man fest, dass früher bereits zwei Grabeinbrüche stattgefunden hatten; wer die Friesensage kennt, weiss, dass es sich dabei eher um Ausbrüche gehandelt haben muss. Für den Fall, dass die Friesen ein weiteres Mal in die Heimat brausen wollen, stehen das Vorder- und Hintertor des Tenns von Ehrlers Haus seit Generationen offen. Für den Künstler ist es eine Herzenssache, diese Tradition aufrechtzuerhalten. Nicht einmal im Traum würde er den Durchgang und damit den Friesenweg versperren.

Kein Geringerer als Friedrich Dürrenmatt hat den Friesenzug übrigens zeichnerisch festgehalten. Die Dürrenmatt'schen Radler-Friesen sind etwas eigenwillig, dafür fordert ihr Anblick garantiert kein Menschenleben.

Adresse Rankstrasse 41, 5712 Beinwil am See | **Anfahrt** Route 26 (Lenzburg/Emmenbrück) bis Beinwil am See, links abbiegen (Seetalstrasse), in der grossen Kurve rechts abbiegen (Rankstrasse) | **Tipp** Der Seeuferweg Hallwilersee: In 22 Kilometern geht es um den See. Wer mag, kann einen Teil des Wegs per Schiff zurücklegen. Informationen zum Fahrplan unter www.schifffahrt-hallwilersee.ch.

BENZENSCHWIL

22 Der Kinderweg
Prädikat wertvoll

Man hört den Kinderweg, bevor man ihn sieht. «Zää, nüün, acht, sibe, sächs, foif, vier, drüü, zwoi, eis. Ich chume!», schallt es aus dem Wald. Da es kaum Parkplätze gibt, empfiehlt sich die Anreise per Bus oder Bahn. Die grünen Pfeile und die Kinderstimmen führen einen zum Spielplatz und damit zum Anfang eines Kleinods, das seinesgleichen sucht. Wie viel konzeptionelle Arbeit, Pflegeaufwand und Finanzmittel in diesem im wahrsten Sinn «Wunder vollen» Naturerlebnisraum stecken, kann man nur erahnen. Treibende Kraft dahinter ist nicht etwa die öffentliche Hand, sondern der private Verein «Erlebnis Freiamt». Er hat den Elementenweg erarbeitet und investiert jede Woche viel Zeit und Energie, um liegen gelassenen Abfall einzusammeln, Feuerholz nachzufüllen oder Kaputtes wieder zu flicken. Die Arbeit des Vereins würde sehr erleichtert, wenn die Gemeinde wenigstens Abfalleimer aufstellen und diese regelmässig leeren würde oder wenn es gar ein öffentliches Klo gäbe. Da beides fehlt, bleibt nur der Appell an die Besucher: Bitte tragen Sie Sorge zum Riesennetz der Spinne Freia, zum Waldsofa, zum Xylophon, zum Barfussweg, zum Tannenlabyrinth und zu was es sonst noch alles gibt; lassen Sie keinen Abfall liegen und machen Sie Ihr Brätel-Feuer nicht irgendwo, sondern bei den offiziellen Feuerstellen!

An diesem sonnigen Juninachmittag geht's im Wald hoch zu und her. Im Juni ist der Kinderweg überhaupt oft fast zu gut besucht. Dabei lässt sich der mitgebrachte Tennisball auch in den anderen Monaten die Riesen-Chugelibahn hinunterrollen; das abwechslungsreiche Waldparadies steht das ganze Jahr über zum Entdecken, Fühlen, Spielen und Träumen offen.

Inzwischen waschen die Kindergärtner, die eben noch Verstecken gespielt haben, ihre Hände im Wissenbach und packen das Zvieri aus. Frische Luft macht eben hungrig. Verdient haben die kleinen Abenteurer die Stärkung allemal.

Adresse Müliweg, 5636 Benzenschwil | **Anfahrt** Route 25 (Lenzburg/Zug) bis Benzenschwil, links abbiegen und dem Wegweiser zum Bahnhof folgen. Da es kaum Parkmöglichkeiten gibt, bitte mit dem ÖV anreisen. Der Kinderweg ist ausgeschildert. | **Tipp** Der Freiämter Veloweg: Der 68 Kilometer lange Rundweg überwindet 345 Höhenmeter und führt von Sins unter anderem durch Auw, Muri, Wohlen, Bremgarten, Mühlau.

23 Die Biobadi
Wo Seerosen blühen und Libellen tanzen

Der älteste Eidgenosse ist er nicht, der Aargau, aber einer mit x-fachem Pioniergeist. Gleichgültig, ob das Vorreitertum von privater oder öffentlicher Seite ausgeht, es braucht Mut und Risikobereitschaft. In Biberstein – übrigens eine von nur neun Aargauer Gemeinden, die sowohl 1992 für den Beitritt zum Europäischen Wirtschaftsraum als auch 2014 gegen die Masseneinwanderungsinitiative gestimmt haben – ist beides vorhanden. Nicht zuletzt darum baden die Bibersteiner seit dem Jahr 2000 im ersten öffentlichen Schwimmteich der Schweiz.

Die Pflege eines Schwimmteichs ist komplex. Wenn sich aufgrund der Wohlfühl-Atmosphäre immer mal wieder deutlich mehr als die maximal vorgesehenen 300 Gäste darin tummeln, wird die Sache nicht einfacher. Unter solchen Bedingungen kann die ökologische Wasseraufbereitung via Kies, Pflanzenwurzeln und Mikroorganismen nur dann noch zufriedenstellend funktionieren, wenn die Besucher gewisse (Hygiene-)Regeln einhalten. Vor dem Baden WC und Dusche benützen oder Kleinkindern Windelhöschen anziehen zum Beispiel.

Kein Bioschwimmteich ohne Frösche, Libellen und ähnliches Getier. Was ganz und gar nicht hineingehört, sind Goldfische. Genau solche aber waren eines Tages plötzlich in der Badi und gediehen prächtig. Der Elektro-Abfischungs-Versuch der aufgebotenen Spezialisten beeindruckte sie nicht, wie der Bademeister erzählt. Die beiden eigens ausgesetzten Hechte wiederum machten sich nichts aus Goldfischen; offenbar wussten die klugen Tiere, dass ihnen die roten Farbpigmente nicht bekommen. Doch wozu gibt es Kinder und einen cleveren Bademeister? Die Kombination von beidem schaffte, was Spezialisten und Hechten nicht gelang. Der Bademeister beobachtete nämlich, wie die Kinder den Goldfischen mit Feuereifer nachstellten. Flugs setzte er eine Goldfischkopfprämie von einem Fünfliber aus. Das war's dann mit den Goldfischen im Bioschwimmteich.

Adresse Schachen, 5023 Biberstein | **Anfahrt** Route 24 (Frick / Aarau), im Kreisel nach der Staffelegg 3. Ausfahrt (Bibersteinerstrasse), der Strasse bis Biberstein folgen, die Badi ist ausgeschildert | **Öffnungszeiten** So–Do 9–20 Uhr, Fr–Sa 9–21 Uhr. Die Saison dauert von Mai–Sept. Weitere Info unter www.biberstein.ch. | **Tipp** Käpten Jo's Aarfähre: Zum Restaurant in Schiffsform gehört ein grosser Spielplatz. Legendär ist der «Piratenfrass» à discrétion jeden Freitag- und Samstagabend.

24 Die Steinzeitwerkstatt
Vergangenheit zum Begreifen

Ob Kantonsarchäologe Dr. Reinhold Bosch ahnte, dass der Bub, der voller Forscherdrang im Grabhügel nach Skeletten gesucht hatte, dereinst sein Nachfolger in der Steinzeitwerkstätte werden würde? Jedenfalls schimpfte er den Knaben nicht aus. Im Gegenteil: Ausgestattet mit einer offiziellen Bewilligung durfte der Schüler weitergraben. Und er grub eifrig. Auf einem Acker in Rohrdorf förderte er sogar eine Römervilla zutage. Schon als Dreikäsehoch hatte Mäxchen seine Mutter schier zur Verzweiflung getrieben, weil er auf der Suche nach dem Feuer im Erdinnern den Garten «löcherte». Aus Mäxchen wurde Max und aus dem glühenden Jungforscher ein begeisterter Prähistoriker und Vater der schweizerischen experimentellen Archäologie.

«Wir leben immer weniger in Biotopen und immer mehr in Mediotopen», schreibt der Physiker, Philosoph und Publizist Eduard Kaeser in «Trost der Langeweile». Wer seine Finger nicht mehr brauche, laufe Gefahr fingerblind zu werden und buchstäblich sein Fingerspitzengefühl zu verlieren. Dagegen kämpft Max Zurbuchen mit seiner Steinzeitwerkstatt unermüdlich an. «Wer die Vergangenheit nicht kennt, kann die Zukunft nicht verstehen», ist er überzeugt. Wie aber soll man begreifen, was man nie in Händen gehalten hat? Wie soll man die Bedeutung, Ausgeklügeltheit und Kunstfertigkeit jungsteinzeitlicher Technologien allein durch Bücherwissen erkennen? Hier setzt die experimentelle Archäologie an. Fundstücke werden mit den Originalmaterialien und -werkzeugen bis ins Detail nachgebaut. Geduld und Geschick sind dafür unabdingbar. Zurbuchen brauchte sieben Jahre, bis es ihm gelang, Birkenteer, den Urahn unseres Leims, steinzeitlich korrekt herzustellen.

Wer Zurbuchens authentische Nachbildungen gesehen und sich selbst am prähistorischen Werkzeugbau versucht hat, wird eines nicht mehr tun: Den damaligen Menschen als besseren Affen gering schätzen.

Adresse Leutwilerstrasse 6, 5706 Boniswil, www.steinzeit-live.ch | **Anfahrt** Route 26 (Lenzburg/Beinwil am See) bis Boniswil folgen, beim Wegweiser «Bahnhof» rechts abbiegen (Leutwilerstrasse) | **Öffnungszeiten** täglich auf Voranmeldung, Tel. 079/5623486 | **Tipp** Das Schloss Hallwyl: Das Wasserschloss ist von April–Okt. von Di–So 10–17 Uhr geöffnet.

BREMGARTEN

25 ARABAS
Junge Artisten, reife Leistung

Der Name sollte edel klingen und elegant auszusprechen sein. Und weil in den 90er Jahren, als der Jugendzirkus gegründet wurde, gerade «Prinzessin Fantaghirò» im Fernsehen lief, schlug eines der Kinder den darin vorkommenden Zauberer als Namenspaten vor. Die Idee gefiel, nur das Anfangs-T erachtete man als zu hart. Also liess man es weg. Eine gute Wahl. Im Lateinischen existiert das Wort «arabas» nämlich tatsächlich und heisst so viel wie «du hast gepflügt», «du hast kultiviert». Wie passend für das, was die gut 40 Kinder und ihre Eltern das ganze Jahr über in unzähligen Stunden leisten: Sie ackern und kultivieren mit vollem Einsatz und lassen das staunende Publikum im August während der rund 13 Vorstellungen an der Ernte teilhaben.

«ARABAS» ist ein Familienprojekt. Die Voraussetzung, um mitmachen zu können, sind nicht etwa besondere artistische Fähigkeiten, sondern die Bereitschaft, sich zu engagieren. Für die Kinder und Jugendlichen bedeutet das in der Regel ein Basis- sowie zwei Nummerntrainings pro Woche, eine Trainingswoche während der Frühlingsferien, zwei Trainingswochenenden im Frühsommer und schliesslich ein Lager in der letzten Sommerferienwoche. Die Eltern sorgen für das professionelle Zirkusumfeld, fungieren als Trainer, nähen Kostüme und, und, und.

Kurz vor Saisonbeginn wird dann gemeinsam das grosse Viermastzelt in Zufikon aufgebaut. Dieses lässt bereits von Weitem erahnen, was die Vorstellung eindrücklich bestätigt: «ARABAS» bietet Zirkus vom Feinsten. Die Kids in der Manege und hoch oben unter der Kuppel begeistern. Es zahlt sich aus, dass der Verein mit einer professionellen Regisseurin zusammenarbeitet und immer wieder Profi-Artisten für das Training heranzieht. Vom Bühnenbild über die Musikauswahl bis hin zu den Kostümen und den szenischen Einlagen – alles passt. Ein Gesamtkunstwerk, das auch Erwachsene in eine andere Welt entführt.

Adresse Das Zelt für die Vorstellungen im Aug. wird in Zufikon beim Restaurant Emaus aufgebaut. Kontaktadresse: ARABAS Cirque Jeunesse, Postfach, 5620 Bremgarten, www.arabas.ch | **Anfahrt** Route 1 (Mutschellenpass / Lenzburg) bis Bremgarten, links abbiegen (Richtung Bremgarten Zentrum / Zufikon), beim Obertorplatz links (Zugerstrasse), beim Wegweiser «Restaurant Emaus» links | **Tipp** Das Essighüsli in Bremgarten: An der Wohlerstrasse 37 gibt es Gewürz- und Wellnessessig oder auch Essig als Aperitif und Digestif.

BREMGARTEN

26 Der Fledermauskasten
Ein Eigenheim mit 300 Betten

Wenn hier einer mit dem Teufel im Bunde ist, ist es der Mensch und nicht die vom Aussterben bedrohte Fledermaus; der Lebensraumverlust des Fledertiers oder die vergiftete Umwelt gehen jedenfalls auf unsere Kappe. Genauso wenig wie Teufelsbündler sind die Kleinsäuger verwandelte Vampire. Andrerseits sind sie auch keine Mäuse; sie besitzen noch nicht einmal Nagezähne.

In den letzten Jahrzehnten ist die Anzahl der Fledermäuse in der Schweiz – und nicht nur hier – stark zurückgegangen. Dennoch kann man die Flugkünstler beim Jagen beobachten. Man muss lediglich zur richtigen Zeit am richtigen Ort sein. Im Fall von Bremgarten ist der richtige Ort unter anderem das Au-Quartier.

Ein vorbeigehender Spaziergänger schenkt dem Mehrfamilienhaus an der Austrasse 12 höchstens einen flüchtigen Blick. Die grossen Abendsegler hingegen haben darin lange so etwas wie den idealen Wohnort gesehen. Jedenfalls überwinterte regelmässig eine Kolonie von 200 bis 300 Tieren in den Rollladenkästen und Fenstersimsen des Gebäudes. Da sich die Bewohner von den Untermietern gestört fühlten, konstruierte Andreas Beck, kantonaler Fledermausschutz-Beauftragter, ein Abendsegler-Eigenheim und befestigte es an der Südfassade des Hauses. Seither verbringen die Fledermäuse den Winter im zwei Meter breiten und einen Meter hohen Kasten, und es herrscht wieder Friede im Quartier. Der idealste Zeitraum, um die Abendsegler zu beobachten, ist die frühe September-Abenddämmerung. Dann erjagen sich die Insektenfresser circa von 19.15 bis 20.30 Uhr ihr Abendessen.

Weitere Fledermausarten gibt es rund fünf Gehminuten von der Austrasse entfernt beim Hexenturm an der Reuss zu sehen. Im Turm wohnen neben grossen Abendseglern noch Zwergfledermäuse; die Riesen jagen hoch in der Luft, die Zwerge auf menschlicher Kopfhöhe. Und dicht über die Wasseroberfläche flattern Wasserfledermäuse.

Adresse Austrasse 12, 5620 Bremgarten | **Anfahrt** Route 1 (Wohlen / Mutschellenpass) bis Bremgarten, beim Kreisel 1. Ausfahrt (Friedhofstrasse), 2. links (Austrasse) | **Tipp** Das vegane und vegetarische Buffet: Im Limalimón an der Zürcherstrasse 6 beim Bahnhof Bremgarten finden Veganer und Vegetarier unter anderem ein Mittagsbuffet mit Take-away.

27 Die stehende Welle
Aloha auf der Reuss

Es braucht wenig, um hipp zu sein. Eine einzige Welle genügt. Und die muss sich noch nicht einmal bewegen – solange sie nur gleichmässig und stark genug ist, damit man auf ihr surfen kann. Beim Honeggerwehr ist dies bei einem Durchfluss von etwa 180 bis 500 Kubikmeter Wasser pro Sekunde der Fall. Bevor man sich das Surfbrett unter den Arm klemmt und nach Bremgarten reist, also unbedingt den Pegelstand abfragen. Am besten sei die Welle bei Hochwasser, wenn der Steg in der Flussmitte teilweise überflutet ist. Dann ist allerdings erhöhte Vorsicht geboten: Schwemmholz ist keine Seltenheit. Wohlgemerkt, die Rede ist nicht von kleinen Ästchen, sondern von ganzen Bäumen. Überhaupt sollte, wer in einem Fluss surft, ein guter Schwimmer sein und wissen, was er tut. Neben Schwemmholz bilden Wirbel oder Steine eine Gefahr. Auch kann sich die Verbindungsleine vom Knöchel zum Surfbrett verheddern, oder man kann das Brett an den Kopf bekommen. Darum ist man besser nie allein unterwegs.

Als die Witwe Honegger 1695 eine Bleiche und Walke an der Reuss errichtete, dürfte sie schwerlich geahnt haben, dass sie damit den Grundstein für den einzigen Surf-Hotspot der Schweiz legte. Tatsächlich war ihre Bleiche der Vorläufer der Baumwollspinnerei Weissenbach. Das Wehr, über dessen Überbleibsel die Reuss heute eine europaweit gerühmte Kunstwelle wirft, wurde einst für deren Betrieb gebaut.

Was die Welle tut – stehen –, gelingt noch lange nicht jedem Surfer. So mancher taucht in das gurgelnde Wasser ein, bevor er es in eine aufrechte Position geschafft hat. Ganz so easy ist die Sache offenbar nicht. «Aber megacool! Klar ist das Meer geiler, doch in der Schweiz hat es nun mal keines.» Das erklärt, warum sich der Freak manchmal gedulden muss, bis die Surfreihe an ihm ist. Cool Ding will Weile haben – oder einen Wecker. Frühmorgens ist die Surfwelt in der Regel noch in Ordnung.

Adresse Obere Allmend, 5620 Bremgarten, Informationen zum Wasserstand unter www.infosport.ch/kanu/levels/108.html | **Anfahrt** Route 1 (Wohlen / Mutschellenpass) bis Bremgarten, beim Kreisel 1. Ausfahrt (Friedhofstrasse), vor der Brücke links (Obere Allmend) | **Tipp** Die Welle für Kajakfahrer: Sie befindet sich beim Wehr oberhalb der Holzbrücke und ist bei einem Durchfluss von 175 bis 220 Kubikmeter pro Sekunde ideal.

28 Der Bahnpark
Ein Pensionsstall für Dampftiger, Seetalkrokodile & Co

Kurz vor Ausbruch des Ersten Weltkriegs wurde in Brugg gedampft, dass es eine Freude war. 57 Lokomotiven bewohnten damals das Grossdepot. Dass man auch heute wieder ab und zu über die Gleise dampfen oder dabei zusehen kann, wie die 18 Meter lange Drehscheibe von 1905 die historischen Schönheiten in die gewünschte Richtung dreht, ist das Verdienst der «Stiftung Bahnpark Region Brugg».

Seit 2006 setzt sich die Stiftung unter anderem für den Erhalt der ausgedienten Depotanlage und ihrer Infrastruktur ein. Da dies einerseits viel Geld kostet und ein leeres Lokdepot andererseits wenig Sinn macht, fungiert die Stiftung als eine Art Mietstall für historische Lokomotiven. Sieben Dampf-, eine Diesel- und drei Elektroloks sind zurzeit im Bahnpark eingestellt; dazu ein Speisewagen, eine Handdraisine aus dem 19. Jahrhundert und anderes mehr. Alles ist voll funktionsfähig und kein ausgeweideter Schrott!

Neben den beiden Tagen der offenen Tore zu Saisonbeginn und -schluss ist vor allem der Besuchstag im Juni ein Publikumsmagnet. Mehr als 2.500 Interessierte aus dem In- und Ausland finden dann ihren Weg an die Unterwerkstrasse. Eine schier unglaubliche Zahl; allerdings ist die Aussicht auf eine Dampflokführerstandsfahrt auch wirklich verlockend.

Das besondere Verhältnis, das die Eisenbahner zu ihrem Rollmaterial haben, springt bei den Spitznamen förmlich ins Ohr. Von «Schwangerer Bleistift» bis «Kotz-Else» gibt es in Europa alles. Im Bahnparkt stehen unter anderem ein «Seetalkrokodil», ein «Habersack» und ein «Tigerli». Bis 1963 tigerte dieses beim Rangieren im Basler Rheinhafen auf und ab. Danach stand es 47 Jahre auf dem Spielplatz des Schifferkinderheims Kleinhüningen, wo es eines Tages einen Fussball verschlang …

Im Lokdepot rauchten aber nicht nur die Kamine, es wurde auch gejodelt. Zumindest am 15. Mai 1915. Da nämlich wurde dort das erste Doppeljodelquartett des Aargaus gegründet.

Adresse Unterwerkstrasse 13, 5200 Brugg | **Anfahrt** Route 5 (Aarau / Koblenz) bis Brugg, beim 3. Bahnübergang rechts von der Aarauerstrasse abfahren (Unterwerkstrasse), die Gleise überqueren und sogleich links | **Öffnungszeiten** Informationen zu den Tagen der offenen Tore und weiteren Führungen unter www.bahnpark-brugg.ch | **Tipp** Das Essen'z: Das Restaurant an der Fröhlichstrasse 35 bietet fünf Vorspeisen, fünf Hauptgerichte, 30 Plätze und 15 «Gault Millau»-Punkte. Info unter www.restaurant-essenz.ch.

29 Die Jugendherberge «Schlössli Altenburg»

Schlafen, wo einst die Römer hausten

Umkehren oder weitergehen? Die Passage zwischen den beiden Häusern wirkt schmal und vor allem privat. Dummerweise ist nicht zu sehen, was sich hinter dem Durchgang befindet: die gesuchte Jugendherberge? Ein Garten? Womöglich bewacht von einem pflichtbewussten Rottweiler? Da hinlänglich bekannt ist, wie heilig hierzulande die eigene Scholle ist, braucht es schon zwei unsichere Blicke auf den ausgedruckten Kartenausschnitt, um den Schritt ins Unbekannte zu wagen. Zugegeben: Es wurde schon forscher um eine Ecke gebogen, doch Vorsicht ist bekanntlich besser als Nachsicht. Erstere war in diesem Fall allerdings überflüssig: Weder Hund noch empörter Mensch lauern hinter dem Hauswinkel. Vielmehr weitet sich das Gelände und gibt den Blick frei auf einen properen Hof, eine Wiese und ein wohnturmartiges Bauwerk mit zwei Treppengiebeln und rot-weiss gestreiften Läden: das «Schlössli Altenburg».

Die Adressbezeichnung der Jugendherberge, die genau genommen aus vier aneinandergebauten Gebäuden besteht, leuchtet aufgrund der Gegebenheiten ein. Anders steht es mit dem Namen. Ein Schloss war der Treppengiebelbau aus dem 16. Jahrhundert jedenfalls nie. Eine gewisse Schlossähnlichkeit kann man ihm allerdings nicht absprechen. Viel wurde über die Geschichte des Ortes geschrieben, gesichert ist kaum etwas. Möglich, dass die «Altinburch» im Frühmittelalter Bischofsburg war, eindeutig belegt ist es nicht; ebenso wenig, dass die frühen Habsburger einst hier wohnten. Nicht verleugnen lassen sich allerdings die Römer. Der Ringmauer des Kleinkastells, das diese im 4. Jahrhundert in der Aareschlaufe errichteten, verdankt das «Schlössli» einen Teil seiner Westwand. Es handle sich dabei um die höchste erhalten gebliebene römische Mauer der Schweiz, heisst es dazu in der Broschüre der Jugi. Wozu das Kastell jedoch genau diente, ist bereits wieder Spekulation.

Adresse Im Hof 11, 5200 Brugg, www.youthhostel.ch/brugg | **Anfahrt** Route 5 (Aarau/Koblenz) bis Brugg, den Wegweisern «Hallen- und Freibad» folgen, dort parkieren, der Kanalstrasse zu Fuss 300 Meter bis zur Abzweigung «im Hof» folgen | **Öffnungszeiten** im Winter geschlossen | **Tipp** Der Fussgängersteg unter der Eisenbahnbrücke: Er vibriert, wenn ein Zug über die Brücke fährt, und bietet einen guten Blick auf die Aareschlucht.

BRUGG

30 Das Souperbe
Für Suppenfans und andere

Sie sterben wie die Fliegen. Nicht die Gäste, sondern die (traditionellen) Beizen. Dabei isst man nach wie vor ganz schön oft auswärts. Das allein sichert das Überleben der Gastrobetriebe aber noch nicht. Genauso wenig wie Glück oder ein bisschen Wirten. In dieser Branche heisst es «Ganz oder gar nicht!» Geht ein Gastronom mit einer Zwischenstufe ans Werk, kann er einpacken. Gleichermassen, wenn es bei einem Betrieb am Standort, an der Atmosphäre, am Konzept oder an der Qualität mangelt.

Von einer Lage mit Laufkundschaft träumt Geschäftsinhaberin Lucie Soland noch, sonst stimmt im Souperbe alles. Die pastellgelben Wände, die kreidebeschriebene Menütafel, die langen Holztische, die hausgemachten Suppen und Crêpes, der lauschige Innenhof und natürlich die herzliche Bedienung machen, dass man sich willkommen fühlt. Das spüren ganz besonders auch die Allergiker, Vegetarier und Veganer: Immer auf der Karte ist nämlich ein gluten- und ein milchfreies Essen sowie etwas Vegetarisches. Sollte einmal keine vegane Suppe zur Auswahl stehen, locken Salat und Obst vom Buffet. Kaffee und Kuchen gibt's natürlich auch. Und Glace. Nicht irgendeine, sondern jene von der Glace-Manufaktur «Gelati Gasparini», die von Menschen an einem geschützten Arbeitsplatz in Handarbeit hergestellt wird. Im Sommer ist die Glace übrigens immer mal wieder per Velo unterwegs.

An guten Ideen mangelt es Soland eh nicht. Neben den Allergikermenüs ist wohl eine der besten, dass die Küche während der Öffnungszeiten des Lokals durchgehend offen ist. Wer das Sitzungszimmer erst um 15 Uhr verlässt, bekommt seine Crêpe genauso selbstverständlich wie derjenige, der sie zur Mittagszeit bestellt. Und natürlich die eingemachten Suppen zum Mitnehmen. Überhaupt das Mitnehmen: Wer lieber im Park oder sonst wo essen will, lässt sich das Gewünschte einfach einpacken. Wirklich superbe, das Souperbe.

Adresse Storchengasse 8, 5200 Brugg | **Anfahrt** Route 3 (Baden / Frick) bis Brugg, im Kreisel nach dem Fachhochschul-Campus die 2. Ausfahrt, der Badenerstrasse folgen, 2. Strasse links (Eisi), 1. rechts (Storchengasse: Fahrverbot!) | **Öffnungszeiten** Mo–Fr 11–19 Uhr, Juni–Aug. 11–17 Uhr, auf Anfrage auch abends oder am Wochenende, Info unter Tel. 056/5355434 | **Tipp** Der Schwarze Turm: Das älteste Gebäude und Wahrzeichen der Stadt stammt mindestens von 1238. Im unteren Teil wurden Steine aus dem Legionslager Vindonissa verbaut.

31 Der Flohmarkt
Die Nadel im Heuhaufen

«Die Parkplätze sind jaloniert», steht auf der Webseite des Floh- und Antikenmarktes. Leichte Panik macht sich breit. Wenn das nur nichts Gefährliches ist. Ist es nicht, wie sich vor Ort herausstellt: Die Parkplätze sind schlicht und einfach ausgeschildert, jalonnés eben; manchmal wäre man halt doch froh, man hätte im Französischunterricht besser aufgepasst.

Die Parkplätze sind nicht bloss ausgeschildert, sie sind auch fast alle belegt. Aber da ständig tütenbeladene Menschen zu ihren Fahrzeugen zurückkehren, findet sich bald eine Parklücke. Einige der Heimkehrer tragen ihre Errungenschaften auch einfach im Arm. Dabei sehen sie gleichermassen zufrieden wie gequält aus. Der junge Mann mit dem riesigen Flachbildfernseher beispielsweise oder der ältere Typ mit der Stichsäge. Beide Geräte dürften alles andere als Leichtgewichte sein. Vielleicht hätten die Männer gut daran getan, ihre Ware wie das Pärchen, das sie eben überholt, in einem Einkaufswagen aus dem Parkhaus zu karren. Der Flachbildfernsehmann scheint etwas Ähnliches zu denken, doch jetzt ist es zu spät.

Kaum jemand verlässt das gedeckte Parking mit leeren Händen. Vom Staubsauger über den Teddybären bis zum Neoprenanzug wechselt alles Mögliche und Unmögliche den Besitzer; und noch viel mehr wartet auf einen Käufer: ein ausgestopfter Waran, ein alter Auspuff, Schmuck ohne Ende, Bücher, Kleider, antike Blechbüchsen, Kuhglocken, Elektroartikel und vieles mehr. Dabei spiegeln die angeschriebenen Preise eher das Wunschdenken der Verkäufer wider als den reellen Wert der Ware. Aber ein echter Flohmarktgänger weiss: Feilschen gehört dazu.

Wer sämtliche Stände nach einer Trouvaille durchkämmen will, sollte genügend Zeit und ein waches Auge mitbringen. Das Angebot ist erschlagend. Gut kann man sich zwischendurch bei Wurst und Brot erholen. Es ist ein hartes Los, das moderne Jäger- und Sammlerdasein.

Adresse Brestaneggstrasse 9, 5033 Buchs, www.flohmarkt-mittelland.ch | **Anfahrt** A1 (Ausfahrt 50 Aarau-Ost), Richtung Aarau/Suhr, Schnellstrasse bei Ausfahrt Buchs verlassen, Richtung Buchs/Suhr, die 1. Strasse links (Wynenfeld), den Wegweisern zum «Migros-Wynencenter» folgen | **Öffnungszeiten** von März–Dez. jeweils am ersten So im Monat von 10–16 Uhr | **Tipp** Das Besucherzentrum von Chocolat Frey: Die Brestaneggstrasse 4 liegt gleich beim Wynencenter. Auf www.chocolatfrey.ch/de/schoggi-giessen kann man sich zum Schoggi-Giessen und Gestalten der eigenen zwei Schoggitafeln anmelden.

DÄTTWIL

32 Das foucaultsche Pendel
Und sie bewegt sich doch

Das runde Steinbecken liegt im Auge der Treppe. Von Weitem sieht es aus wie ein Brunnen. Doch Wasser sucht man darin vergeblich, sieht man von den gemalten Ozeanen ab, die die gelben Kontinente umspülen. Es ist nicht das Ohr, das im Treppenauge auf seine Kosten kommt – durch ein beruhigendes Plätschern oder Ähnliches –, es sind das Auge und der physikalische Verstand.

Über der schematischen Landkarte schwingt ein flaches Pendelgewicht hin und her. Unermüdlich und vollkommen lautlos. Der 9,65 Meter lange Faden, mit dem es an der Decke festgemacht ist, ist nahezu unsichtbar, so dünn ist er. Der Blick kann kaum vom Pendel lassen. Die Ruhe und Gleichmässigkeit seiner Bewegung hypnotisieren. 6,2 Sekunden braucht das Gewicht, um einmal über die Landkartenerde zu schweben. An der Peripherie der Karte befindet sich eine Gradeinteilung und alle 45 Grad eine Zeitanzeige; diese hält fest, wann das Pendel in genau diese Richtung schwang.

In der Loge des ABB-Forschungszentrums ist eine Broschüre erhältlich. Darin werden unter anderem die mechanische und technische Realisierung des Pendels erklärt. Auch wenn der Laie höchstens die Hälfte der Informationen versteht, der Blick darauf lohnt. Nicht nur, aber auch wegen dieses einen wunderbaren Satzes: «Das Pendel weiss aber nichts davon, ob die Erde rotiert oder nicht, es behält seine Schwingungsebene … bei.» Wie gut, dass das Pendel nicht klüger ist, sonst wartete man wohl noch heute auf eine Versuchsanordnung, die die Erdrotation so anschaulich sichtbar macht, wie dies das foucaultsche Pendel tut.

Das Perpetuum mobile haben jedoch auch die Forscher, auf deren Initiative hin das Pendel 1981 nach Dättwil gelangte, nicht gefunden. Dafür eine ausgetüftelte Pendellagerung und Steuerung, um Störeinflüsse weitmöglichst zu dämpfen und zu kompensieren. Und so schwingt das Pendel trotz Luftreibung unentwegt hin und her.

Adresse Segelhofstrasse 1K, 5405 Dättwil | **Anfahrt** A1/A3 (Ausfahrt 54 Baden-West), rechts abbiegen (Richtung Birmenstorf), 1. Abzweigung rechts (Segelhofstrasse) | **Öffnungszeiten** Das Foyer ist zu Bürozeiten frei zugänglich. | **Tipp** Ein Rundflug mit dem Oldtimer-Doppeldecker in Birrfeld: Die Antonov AN–2 ist der grösste einmotorige Doppeldecker der Welt. Info unter www.passagierflug.ch.

33 Der Zwingrodel

«… des zwings zuo Tiettwill gerechtigkeitt …»

Der Lehrling auf der Gemeindekanzlei schaut verwirrt, als er nach dem Zwingrodel gefragt wird. «Er ist im ersten Lehrjahr. In dieser Zeit hat sich noch nie jemand danach erkundigt», erklärt Gemeindeschreiber Raphael Köpfli. Vor dem 17. September 2007 hätte wohl jeder Dietwiler beim Wort «Zwingrodel» ratlos mit den Schultern gezuckt. Denn dass es in den Tiefen des Gemeindearchivs so etwas gibt, wurde erst durch die Historikerin Anne-Marie Dubler ans Tageslicht gebracht. Bis zu diesem Zeitpunkt vegetierte der Rodel unter Akten begraben dahin. Einmal wiederentdeckt durfte das altehrwürdige Stück nicht nur in den Tresor umziehen, sondern die Gemeinde spendierte ihm auch eine umfassende Restaurierung.

Ein Zwingrodel ist nicht etwa ein kleiner Schlitten, um schneebedeckte Abhänge zu bezwingen, sondern ein Buch (spätmittelhochdeutsch «Rodel» bedeutet «Urkunde», «Liste»), das das Leben in einem bestimmten Gerichtsgebiet (Zwing) regelte. 268 Jahre lang, von 1530 bis 1798, war der Rodel für Dietwil in Rechts-, Wirtschafts- und Verfahrensfragen die massgebende Instanz. Seine abgegriffenen Seiten, nachträglich angebrachte Begriffserklärungen, Kreuzchen und so weiter zeugen davon, dass er wirklich konsultiert wurde.

Mit seinen rund 35 mal 25 Zentimetern ist der Rodel grösser als erwartet. Ihn in Händen zu halten ist ein mystisches Gefühl. Allein die Vorstellung, dass vor Hunderten von Jahren in der Ratskanzlei von Luzern ein Schreiber an seinem Pult sass und die 53 Artikel zu Pergament brachte, in Kurrentschrift, gestochen scharf … Dass jemand anders später zehn Artikel ergänzte … Wieder etwas später einer mit Blau die fortlaufende Kapitelnummerierung an den Rand schrieb … Aufschlussreich sind auch die Unterlagen, die auf der Gemeindekanzlei erhältlich sind. Wer mehr wissen will zu Geschichte, Inhalt und Restaurierung des Rodels, sollte sie sich unbedingt anschauen.

Adresse Vorderdorfstrasse 5, 6042 Dietwil, www.dietwil.ch | **Anfahrt** Route 25 (Lenzburg/Zug) bis Sins, im 2. Kreisel (Migrol-Tankstelle) 1. Ausfahrt (Richtung Dietwil), in Dietwil rechts abbiegen auf die Museggstrasse, 2. links (Vorderdorfstrasse) | **Öffnungszeiten** Der Zwingrodel ist nur gegen Voranmeldung zu besichtigen. | **Tipp** Pfarrkirche und Beinhaus: Die barocke Kirche mit ihren Stuckaturen, Deckenbildern und Altaraufbauten weist bereits klassizistische Elemente auf.

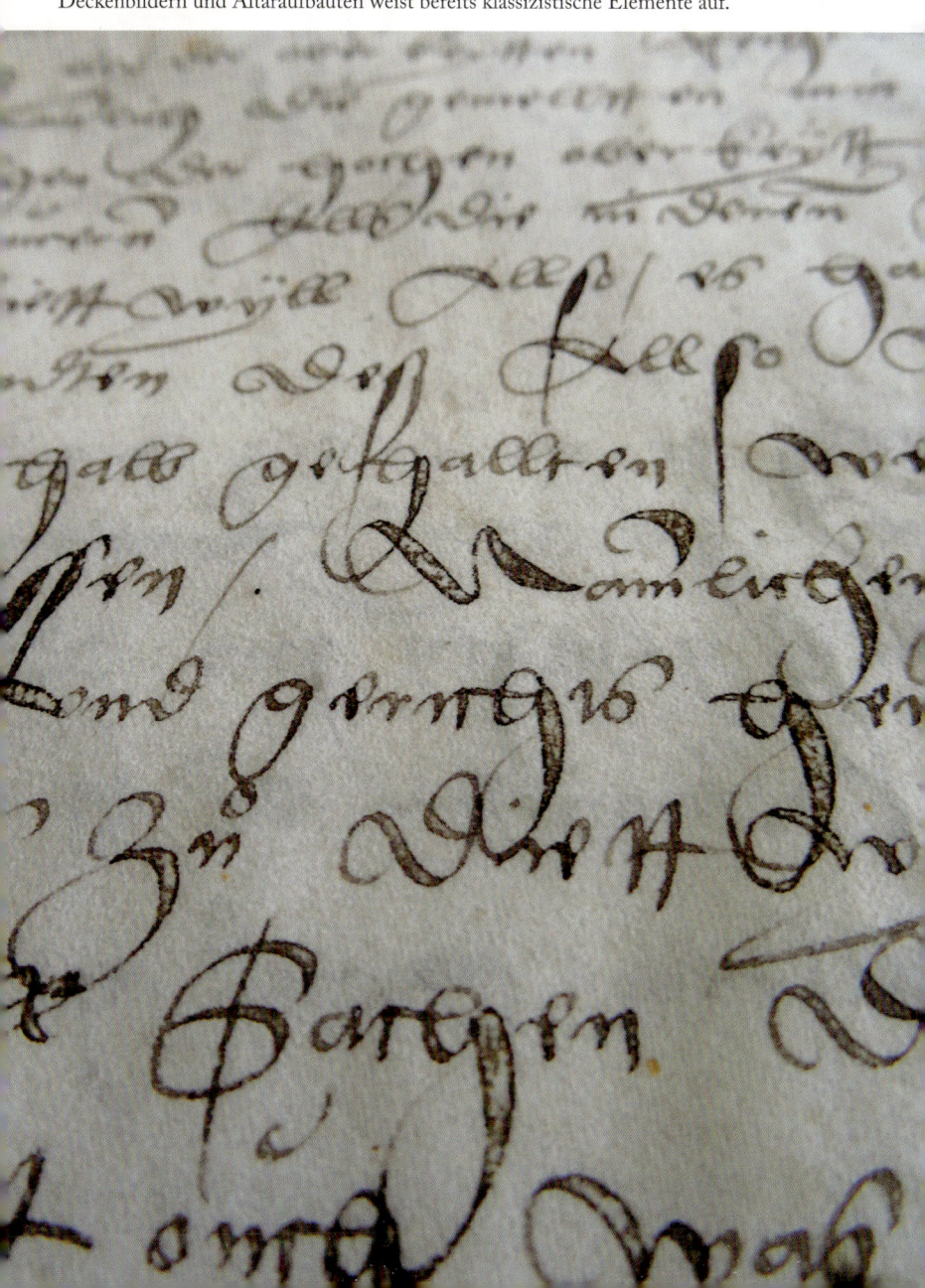

34 Der Römerweg
Passstrasse à la romaine

Untertunneln oder übergleisen? Solche Fragen stellten sich die Römer beim Bau ihrer Reisewege noch nicht. Stand ihnen ein Berg im Weg, hiess es eher: drum herum oder darüber hinweg? Im Zusammenhang mit dem Mons Vocetius, wie der 569 Meter hohe Bözberg bei den Römern hiess, war die Antwort klar: darüber hinweg; das war der direkteste Weg, um von der Kolonie Augusta Raurica – dem heutigen Kaiseraugst – ins Legionslager Vindonissa – dem heutigen Windisch – zu gelangen.

Während unbestritten ist, dass bereits in römischer Zeit eine Verbindungsstrasse zwischen Augusta Raurica und Vindonissa über den Bözberg bestand, beruht deren genauer Verlauf auf Vermutungen. Im Sommer und Herbst 1920 – so hält es der Jahresbericht der Gesellschaft Pro Vindonissa vom April 1920 bis März 1921 fest –, legte ein Student der Zürcher Hochschule am Waldabhang oberhalb von Effingen mehrere Abschnitte eines Karrenwegs frei. Ob nun römisch – wie in der Folge deklariert wurde – oder nicht: Der Weg mit den tief in den Jurakalk eingefressenen Karrengeleisen ist alt und eindrücklich. Und dass nicht allein römische Karrenräder im Fels ihre Spuren hinterliessen, sondern auch all die Fuhrwerke, die später dort entlangrumpelten, liegt auf der Hand.

Von Effingen aus ist der Römerweg gut zu finden. Das Motto lautet: immer den entsprechenden Wegweisern nach, zunächst auf Asphalt, dann auf einer Naturstrasse und schliesslich auf einem schmalen, mit Wurzeln durchzogenen Wanderweg. Es geht stetig bergan. Ob man bereits auf dem Römerweg ist? Ist man nicht – ausser man hat die kleine Brücke und den Rastplatz mit der Naturfeuerstelle schon passiert. Das erste Karrengeleise-Wegstück folgt nämlich gleich anschliessend und wenige Meter weiter das zweite, spektakulärere. Nach Flüsterbelag sieht es definitiv nicht aus. Krachgeneratoren, wie sie unsere Elektroautos haben, brauchte man damals wohl kaum.

Adresse Römerweg, 5078 Effingen | **Anfahrt** A 3 (Ausfahrt 17 Frick), Richtung Zürich/Brugg/Effingen, bei der Postautohaltestelle Effingen links, 2. Strasse rechts (Kästhalstrasse), 1. Strasse rechts, ab dort zu Fuss dem Wegweiser «Römerweg» folgen | **Tipp** Der Vogelpark Ambigua: Der private Park in Zeihen für geschützte Papageien und Sittiche ist von Mai bis Okt. jeweils Mi, Sa und So von 13–19 Uhr geöffnet. Info unter www.vogelpark-ambigua.ch.

EGLISWIL

35 — Die Geisselmacher
Spinner aus Passion

Im Seetal wird fleissig geklöpft. Nicht irgendwann, sondern – polizeilich genau geregelt – vom ersten November bis zum Sonntag nach dem zweiten Donnerstag im Dezember. Und im Gegensatz zur Innerschweiz, wo das Chlepfä den Buben und Männern vorbehalten ist, sind im Aargau auch die Mädchen und Frauen willkommen. Doch ohne Geisseln kein Chlouschlöpfe und ohne die Werrens keine Geisseln; jedenfalls keine Lenzburger Geisseln. Denn die beiden Egliswiler sind die Einzigen, die diesen begehrten Geisseltyp herstellen.

Rund 800 Geisseln fertigt Robert Werren im Jahr. Nicht, um damit Geld zu verdienen, sondern aus Liebe zum Brauchtum. Er tut dies von Hand. Eine Maschine, die konisch spinnt, gibt es nicht. Der gelernte Schreiner, der durch die Überzeugungskünste des Seilers und Geisselmachers Ernst Lüthi vom Geisselmachervirus gepackt wurde, muss darum nicht fürchten, je wegautomatisiert zu werden. Vielmehr ist es umgekehrt: Sollten er und sein Sohn ihr kunstvolles, zeitintensives Hobby einmal nicht mehr betreiben können oder wollen, hat die Region ausgeklöpft. Es sei denn, es fände sich ein Nachfolger.

Bis auf den Stiel und den Zwick, der für den Knall verantwortlich ist, macht Werren alles selber: den hochwertigen Textilflachs und das Jutegarn beschaffen, dieses mit dem Flachs zu einer Litze verarbeiten, aus vier Litzen einen Schenkel drehen und aus drei Schenkeln den Geisselkörper. Schaut man dem Meister bei der Arbeit zu, vergeht einem ob dem ganzen Spinnen und Drehen schier Hören und Sehen. Das Geisselklöpfen kann man angeblich in einer halben Stunde lernen, für das Geisselmachen braucht es definitiv Jahre.

In den Werren-Geisseln steckt so viel Herzblut, dass es eine Sünde wäre, sie falsch aufzubewahren. Keinesfalls im Keller oder im Estrich. «Die Geissel ist dort, wo der Chlöpfer ist», rät Werren. «Sie muss nicht gleich mit ins Bett, aber darunter wäre ideal.»

Adresse Hertistrasse 2, 5704 Egliswil, www.schmid-werren.ch/werren-geisseln, Tel. 062/7752287 | **Anfahrt** Route 26 (Lenzburg/Beinwil am See) bis Seon, Richtung Egliswil, in Egliswil vor dem Fussgängerstreifen und der Bushaltestelle rechts (Hertistrasse) | **Tipp** Das Hotel Restaurant Eichberg: Das Familienausflugsziel in Seengen bietet unter anderem einen Spielplatz, einen Streichelzoo und Bioprodukte aus eigenem Anbau.

36 Das Zivilschutz-Übungsgelände
Trümmerhaufen mit System

Die Geisterhäuser, die man von der Laufenburgerstrasse aus sieht, gehören zur Ortskampfanlage des Militärs. Das Übungsgelände des Zivilschutzausbildungszentrums, eines der Vorzeigezentren in der Schweiz, liegt etwas verdeckt dahinter. Ein willkürliches Chaos aus Betonbruchstücken, könnte man meinen. Was für ein Irrtum. Das Chaos ist genau durchdacht und bildet ein perfektes Übungsfeld, um unter anderem zu lernen, Durchgänge freizumachen oder Eingeschlossene zu bergen.

Zivilschützer? Sind das nicht die Alten und Gebrechlichen? Ein Blick auf die jungen Leute zwischen den Trümmern genügt, und der Fall ist klar: Wenn im Zusammenhang mit dem Zivilschutz etwas verstaubt ist, sind es solche Vorstellungen. Mag sein, dass man früher während der Übungen primär Notliegen zusammennagelte. Doch die Zeiten und Bedrohungslagen haben sich geändert und mit ihnen Aufgabe, Struktur, Ausbildung und Ausrüstung des Zivilschutzes. Nicht mehr der Schutz der Bevölkerung im Fall eines bewaffneten Konflikts steht im Vordergrund, sondern die Bewältigung von Katastrophen und Notsituationen.

Ein solches Grossereignis ist zu komplex, um von einer Organisation allein gemeistert werden zu können. Daher ist der Schweizer Bevölkerungsschutz als Verbundsystem von Polizei, Feuerwehr, Gesundheitswesen, technischen Betrieben und Zivilschutz organisiert. Massgebliche Aufgabe des Zivilschutzes ist es, die Durchhaltefähigkeit der anderen vier Organisationen zu gewährleisten. Entsprechend qualifiziert muss die Ausbildung seiner Kräfte sein und entsprechend leistungsfähig deren Ausrüstung: Schmutzwasser- und Tauchpumpen mit einer Fördermenge von bis zu 2.500 Litern in der Minute, voll ausgerüstete Ersteinsatzfahrzeuge und Weiteres mehr. Im Katastrophenfall sollte man diese Power unbedingt nutzen.

Adresse Laufenburgerstrasse 1, 5074 Eiken | **Anfahrt** A3 (Ausfahrt 16 Eiken), links abbiegen, 1. Strasse rechts (Laufenburgerstrasse) | **Öffnungszeiten** Mo–Fr 8–12 und 13.30–17 Uhr | **Tipp** Die alte Holzbrücke in Stein: Die längste gedeckte Holzbrücke Europas wurde 2014 saniert.

37 Die Synagoge
Einst zu klein, heute zu gross

Unter gewissen Bedingungen führt das Aufeinandertreffen von Anweisungen zu besonderen Ergebnissen. Die Synagoge von Endingen ist ein Beispiel dafür. Als sie von 1850 bis 1852 erbaut wurde, war sie das grösste Gebäude im Dorf; so sollte es gemäss Talmud auch sein. Andererseits verlangte die politische Obrigkeit, dass jeweils das höchste Gebäude einer Gemeinde mit Uhr und Glocke versehen war; insbesondere die Glocke hatte eine wichtige Alarmfunktion. Eine Kirche, die man mit Turmuhr und Glockenstuhl hätte ausstatten können, gab es in Endingen nicht. Sie fehlt bis heute. So kommt es, dass die Endinger Synagoge als eine der wenigen der Welt Uhr und Glocken besitzt.

Die Sorge, die Synagoge nicht zu finden, stellt sich als unbegründet heraus. Der Treppengiebel mit den steinernen Gesetzestafeln ist über die Dächer hinweg gut zu sehen. Von der Postautohaltestelle «Post» dauert es zu Fuss keine drei Minuten bis zu den grün gestrichenen Portalen. Schmuck sehen sie aus mit ihren maurischen Hufeisenbögen. Ein gewisser Hang zum Orientalismus war im 19. Jahrhundert verbreitet; die Synagoge von Endingen steht mit ihrem maurischen Einschlag also nicht alleine da.

Gebaut wurde die heutige Synagoge, weil die bisherige von 1764 für die rund 1.000 Juden, die damals im Dorf wohnten, zu klein geworden war. Wirklich freiwillig hatten sich die Juden allerdings nicht in Endingen niedergelassen. Von 1776 bis 1866 hatten sie keine andere Wahl: Als Wohngemeinden standen ihnen in der Schweiz nur Lengnau und Endingen offen. Kein Wunder, verliessen die meisten nach Erhalt der politischen Gleichstellung diese «Asylzentren». Heute wohnt nur noch eine Handvoll Juden im Ort. Und der Gottesdienst wird in der Regel im jüdischen Altersheim in Lengnau gefeiert. Ohne dessen Bewohner und Besucher wäre es wohl schwierig, die zehn jüdischen Männer zu finden, die es dafür mindestens braucht.

Adresse Eibenweg, 5304 Endingen, www.juedischerkulturweg.ch | **Anfahrt** Route 17 (Leibstadt/Zürich) bis Endingen folgen, beim Restaurant zum Schützen rechts abbiegen, 1. links | **Öffnungszeiten** auf Anfrage unter Tel. 056/2421546 | **Tipp** Das Aargauer Feuerwehr- und Handwerkermuseum: Das Museum Im Schöntal 4 in Endingen ist von April–Okt. jeden ersten Sa im Monat von 13–17 Uhr geöffnet.

ERLINSBACH

38 Der Geissfluegrat
Des Aargaus Dach

Falls der Eintrag im Gipfelbuch stimmt – und warum sollte er nicht? –, war es noch vor Kurzem ganz schön eng on top of the Aargau. 95 Schüler und 11 Lehrpersonen tummelten sich hier. Angesichts dieses Massenansturms ist es ein Glück, dass der höchste Aargauer Gipfel kein Matterhorn ist, sondern bloss ein unscheinbarer Buckel im Wald. Genauer: auf dem bewaldeten Nordostgrat der Geissflue. Doch Buckel hin, unscheinbar her: Der höchste Punkt des Kantons ist nun mal der höchste Punkt, und sein Besuch gehört sozusagen ins Pflichtenheft eines jeden Aargauers.

Immerhin durchbricht der Geissfluegrat, wie Mount Aargau offiziell heisst, mit seinen 908 Metern beinahe die Tausender-Schallmauer. Doch ohne die Kulturkommission der solothurnischen und der aargauischen Gemeinden Erlinsbach ginge man achtlos daran vorbei. «Ehre, wem Ehre gebührt», könnte sich die KuKo gesagt haben, als sie dem Aargau 2003 zu seinem 200. Geburtstag einen Gedenkstein schenkte, der die Stelle markiert. Auf dem nahen Wanderweg steht zudem ein Wegweiser. Das mit dem Übersehen ist damit Geschichte.

Wie es sich für einen Kantonsgipfel gehört, hat es auf dem Geissfluegrat eine Feuerstelle und Bänkli. Und eben ein Gipfelbuch. Die erste Ausgabe fiel 2013 samt Militärgamelle, in der es steckte, einem gemeinen Diebstahl zum Opfer – und das nur drei Monate, nachdem die Gamelle am Gipfelbuchbaum angekettet worden war. Gamelle und Spiralheft sind längst ersetzt, kurzweiliges Stöbern in den Einträgen ist daher wieder möglich. So erfährt man etwa, dass der Geissfluegrat joggenderweise von einer künftigen 4000er-Bergsteigerin «erklommen» wurde oder dass er das Ziel echter Kantonsgipfeljäger war. Es kann übrigens durchaus passieren, dass man den höchsten Punkt des Aargaus sucht und die engste Stelle Solothurns findet. Zwischen Geissflue und Geissfluegrat einfach auf die Grenzsteine achten.

Gipfelbuch

Adresse Idealerweise startet man bei der Klinik Barmelweid. Am Empfang ist die Karte «Naturwandern auf der Barmelweid» erhältlich. Der gepunktete Abschnitt von Rundweg 10 führt zum Geissfluegrat. | **Anfahrt** A1 (Ausfahrt 50 Aarau-Ost), Richtung Aarau/Suhr, bis Aarau fahren, am Kreuzplatz Richtung Olten/Basel/Frick, danach Richtung Erlinsbach. Ab Erlinsbach dem Wegweiser «Barmelweid» folgen. | **Tipp** Der Rundweg 11 ist eine tolle Ergänzung zum Geissfluegrat. Im Winter ist er ideal für eine Schneeschuhwanderung. Schneeschuhe können bei der Physiotherapieabteilung gemietet werden.

39_Der Orchideenlehrpfad
Lehrpfadbijou und Taxonomiesalat

Verbrecher haben es heutzutage nicht leicht, Stichwort forensische DNA-Analyse. Wer hätte gedacht, dass die Möglichkeiten, die die moderne Gentechnik bietet, auch anderen Kreisen Bauchschmerzen bereiten. So wirbeln die neuen molekularbiologischen Erkenntnisse die bisherige Pflanzensystematik ganz schön durcheinander. Für Orchideenliebhaber, wie es die Mitglieder der «Arbeitsgruppe Einheimischer Orchideen Aargau» sind, ist damit Umlernen angesagt. Das Kleine Knabenkraut – Orchis morio – und das Helmknabenkraut – Orchis militaris – zum Beispiel waren bis anhin Brüder. Dann enthüllte die Wissenschaft, dass der eigentliche Bruder der Orchis morio die Pyramidenorchis – Anacamptis pyramidalis – ist. Schwupps wurde aus der Orchis morio eine Anacamptis morio.

Solches erfährt, wer zur Zeit der Orchideenblüte von Ende April bis Ende Juni den bisher einzigen Orchideenlehrpfad der Schweiz besucht. In dieser Periode ist an Wochenenden und Feiertagen stets ein Mitglied der Arbeitsgruppe vor Ort und beantwortet geduldig Frage um Frage.

Der «Hüter des Hains» kennt seine Schützlinge ganz genau. Auf sich allein gestellt würde der Orchideenneuling achtlos an vielen der Pflanzenschönheiten vorbeigehen. Der Experte jedoch weiss, wo welche Pflanze in welchem Vegetationsstadium steht, und wird nicht müde, auch zum x-ten Mal mit einem Besucher zu einem roten Waldvögelein hinaufzusteigen. Ist einmal kein Fachmann zur Stelle, hilft die Informationstafel weiter.

In der Schweiz wachsen ungefähr 75 Orchideenarten, rund 20 davon auf der Trocken- und Magerwiese und im lockeren Föhrenwald von Erlinsbach. Und das nicht etwa, weil jemand sie angepflanzt hätte. Was die Arbeitsgruppe hingegen tut, ist, in unzähligen Arbeitsstunden dafür zu sorgen, dass die Orchideen ein Biotop vorfinden, das ihnen zusagt. So kann man die geschützten Pflanzen an ihrem natürlichen Standort kennenlernen.

Adresse Chalberweid, 5018 Erlinsbach, www.ageo.ch | **Anfahrt** A1 (Ausfahrt 50 Aarau-Ost), Richtung Aarau/Suhr, bis Aarau fahren, am Kreuzplatz Richtung Olten/Basel/Frick, danach Richtung Erlinsbach, der Weg ist von der Bushaltestelle «Obererlinsbach Sagi» aus ausgeschildert, im Dorf oder spätestens beim Schützenhaus parkieren, bei schlechtem Wetter sind die Wege sehr rutschig | **Tipp** Das Landhotel Hirschen: Das Restaurant an der Hauptstrasse 125 ist mit dem ProSpecieRara-Gütesiegel ausgezeichnet. Info unter www.hirschen-erlinsbach.ch.

40 — Die Galerie artune
Kultur im Wohnzimmer

Zufällig verschlägt es niemanden in das Haus mit den riesigen Glasfronten am Frickerberg. Man muss es schon finden wollen, und man muss vor allem darum wissen. Noch ist das nicht selbstverständlich. Auch viele Einheimische haben keine Ahnung, dass es im Markt- und Dinosaurierort einen Platz gibt, wo die Kultur buchstäblich im Wohn- und Arbeitszimmer des Hausherrn daheim ist. Genauer gesagt lebt sie im ganzen Haus. Einzig Schlaf- und Badezimmer sind etwas abgeschirmter. Offen stehen die Türen aber auch hier.

Mit einem einfachen Etikett versehen lässt sich «artune» nicht. Am nächsten kommt noch die Bezeichnung Kulturlebensraum: Wohnhaus, Arbeitszimmer, Galerie, Konzerthalle, Lesungsstube und die bis ins Detail durchdachte Wohnarchitektur – kombiniert mit einer tollen Aussicht auf das Tal – verschmelzen auf einmalige Weise. Entsprechend ungewöhnlich ist auch das Aktivitätskonzept. Regelmässige Öffnungszeiten gibt es keine, dafür eine Mischung aus saisonaler Ausstellung, Monatsausstellung und punktuellen Events. Jeder Anlass bereichert den Lebensalltag auf seine je eigene Weise.

Betritt man die Galerie, sticht einem die dunkelblaue Wendeltreppe ins Auge. Himmelsleiter, denkt man spontan, denn die mit Stoff verkleidete Decke erinnert an einen Himmel. Folgerichtig hängt ein Stockwerk höher über dem Wohnzimmertisch eine Wolkenlampe. Sie bewegt sich sanft und lautlos, angetrieben von einem unsichtbaren Motor. Ein weiterer Blickfang ist die rote Leuchte im Badezimmer. Es scheint, als habe Peter Stocker seine «blaue» Blume gefunden, nach der die Romantiker zeitlebens suchten.

Dass aus dem Haus am Panoramaweg 29 kein gewöhnlicher Ort werden würde, zeigte sich schon beim Aushub der Baugrube. Unsereiner fördert Erde oder Tonnen von Gestein zutage. Stocker fand einen kompletten Plateosaurier. Inzwischen ist das Urtier nach Holland ausgewandert; seine Hand aber – besser: ein Modell seiner Hand – steht noch immer auf dem Küchenbord der Galerie.

Adresse Panoramaweg 29, 5070 Frick | **Anfahrt** A3 (Ausfahrt 17 Frick), Richtung Frick, im Zentrum rechts abbiegen (Richtung Kaisten), nach der Autobahnunterführung rechts (Bergstrasse), den Wegweisern «artune» folgen | **Öffnungszeiten** und Anlässe unter www.artune.ch | **Tipp** Das Sauriermuseum: Das Museum an der Schulstrasse 22 ist jeden So von 14–17 Uhr geöffnet.

41 Die Kunz-Konfitüren
Konfitürekochen als Schule der Geduld

Auszeichnungen gehören in der Firma «Kunz the art of sweets» schon fast zum Alltag, dabei sind sie keineswegs alltäglich. Eben erst hat der «Schweizerische Bäcker- und Confiseurmeister-Verband» zusammen mit dem «Schweizerischen Hefeverband» dem Ehepaar Kunz die «Bäckerkrone 2014» aufgesetzt. Gäbe es eine Konfitürenkrone, besässe Markus Kunz auch diese. Wenn jemandem der Titel «Schweizer Konfitürenkönig» gebührt, dann ihm. Luxushotels wie das «Drei Könige» in Basel, das «Dolder Grand» in Zürich oder das «Alpina» in Gstaad servieren ihren Frühstücksgästen aus diesem Grund ausschliesslich die beseelten Kreationen des Fricker Bäcker- und Konditormeisters. Über 400 Konfitürensorten stellt er in 100 Prozent Handarbeit her. Wenn man den Meister hinter den grossen Bogenfenstern bei der Arbeit beobachtet, ihn Früchte schneiden, im Kupferkessel rühren, durchs Refraktometer den Zuckergehalt prüfen sieht, erkennt man bald, dass die Konfitürenherstellung à la Kunz eine Kunst für sich ist. Eine Kunst, die ohne jede Künstlichkeit auskommt. Das bedeutet konkret: keine Geschmacksverstärker, keine Konservierungsmittel, keinen Gelierzucker; dafür am Baum oder Strauch voll ausgereifte Früchte und Beeren, natürliches Apfelpektin als Gelierhilfe bei Obst mit geringem Pektingehalt, wenig Zucker, hochwertige Gewürze.

«Eigentlich kann man aus fast allem Konfitüre machen, aber es passt längst nicht alles zusammen», sagt Kunz. «Am besten harmoniert, was zur selben Zeit reif ist.» Das klingt einfacher, als es ist. Damit eine Mischung aus Randen, Orange, Baumnuss und Pfeffer zu einem Geschmackserlebnis wird, muss schon ein Könner ans Werk.

Konfitüre schmeckt nicht nur zu Brot und Butter. Sehr lecker ist Sauerrahmquark als Unterlage. Oder wie wär's mit einer Konfi zu Wild, Gorgonzola, Muffins, Riz Casimir? Tipps, welche Konfitüre wozu passt, finden sich unter anderem im Webshop.

Adresse kunz AG art of sweets, Café Bäckerei, Konditorei, Confiserie, Hauptstrasse 58, 5070 Frick, www.kunz-baeckerei.ch, Tel. 062/8715121 | **Anfahrt** A3 (Ausfahrt 17 Frick), Richtung Frick, der Hauptstrasse bis zur Nummer 58 folgen | **Öffnungszeiten** Mo–Fr 6–18.30 Uhr, Sa 6–17.30 Uhr, So 8–17.30 Uhr, für den Bäckerbrunch (Sa und So), bei dem auch 30 Sorten Konfitüren auf dem Buffet stehen, frühzeitig reservieren | **Tipp** Fricks Monti: Restaurant, Bar, Kino und Kulturbühne. Viele Peach-Weber-CDs wurden übrigens an der Kaistenbergstrasse 5 aufgenommen.

42 Die Umlaufmaterialbahn
20 Höhenmeter von nationaler Bedeutung

«Eine Seilbahn? Hier? Davon weiss ich nichts.» Natürlich kennt der Fricker die Bahn dann aber doch; ihre 40 Loren schweben einfach schon so lange lautlos über den Ort, dass er sie nicht mehr wahrnimmt. Lange heisst in diesem Fall seit 1935, also seit Eröffnung der Opalinustongrube am Fuss des Kornbergs. Opalinuston ist ein qualitativ hochwertiger Ziegeleirohstoff, den die Tonwerke Keller AG für ihre Produkte nutzt. Gegenwärtig trifft man den Begriff allerdings noch in einem anderen Zusammenhang: Opalinuston gilt als besonders dicht; deshalb soll in der Schweiz dereinst der Atommüll darin endgelagert werden.

Für den Transport der Tonerde von der Abbaustelle ins Verarbeitungswerk hinter dem Bahnhof setzte die Keller AG von Anfang an auf die Seilbahn. Und sie tut es noch. Die Bahn ist keine museale Spielerei, sondern nach wie vor eine bedeutende Komponente im Produktionsbetrieb. Dazu waren einerseits zähe Dienstbarkeitsvertrags-Verhandlungen nötig – die 1.200 Meter lange Strecke führt nämlich über das Land von 15 Eigentümern – und andererseits diverse Modernisierungen. Dennoch blieb das ursprüngliche Erscheinungsbild weitgehend gewahrt. Selbst Originalkomponenten sind noch erhalten. Die zehn Stahl-Fachwerkstützen zum Beispiel, die bis 2016 einen neuen Anstrich bekommen. Oder in hohem Mass auch die Belade- und die Entladestation.

Gebaut wurde die Bahn von Bleichert & Co aus Leipzig als Zweiseilumlaufbahn. Das heisst, die Transportbehälter sind an einem Tragseil festgeklemmt und stehen relativ still zum Seil; für die Bewegung des Ganzen sorgt ein Zugseil.

Insgesamt repräsentiert die Umlaufmaterialbahn ein interessantes Stück Technikgeschichte. Dies hat auch der Bund erkannt und die Anlage zusammen mit 128 weiteren in das «Inventar der Schweizer Seilbahnen» aufgenommen. Nur 67 Bahnen wurden als «von nationaler Bedeutung» eingestuft – Frick ist eine davon.

Adresse Talstation: Auf dem Areal der Tonwerke Keller AG, Ziegeleistrasse 12; Bergstation: Cheeslete, 5070 Frick | **Anfahrt** A3 (Ausfahrt 17 Frick), Richtung Frick, beim Kreisel im Zentrum 2. Ausfahrt (Richtung Bahnhof), nach dem Hotel Platanenhof rechts, nach der Brücke sofort links (Ziegeleistrasse) | **Öffnungszeiten** Die Seilbahn ist das ganze Jahr über in Betrieb, mit einer Fahrpause über Mittag. | **Tipp** Der Fossilien-Klopfplatz: Bei der Tongrube Gruhalden kann man selber nach Fossilien suchen.

FULL

43 Die Fähre Full-Waldshut
Totgesagte leben länger

Der Mensch hat einen Hang zu Superlativen. Das Schiefste, Schwerste, Höchste, Längste zieht ihn magisch an. Besitzt eine Sache zusätzlich zum Superlativ noch einen Erlebniswert, wird sie beinahe unwiderstehlich. Manchmal kommen Superlativ und Erlebnis an einem Ort zusammen, wo man es kaum erwartet. In Full zum Beispiel. Gewiss ist das kleine Dorf nicht der Nabel der Welt, ABER es ist Teil der nördlichsten Gemeinde des Aargaus, und es beherbergt neben dem schweizerischen Militärmuseum eine geschichtsträchtige Kursfähre – die einzige im Aargau notabene, die nach einem regelmässigen Fahrplan verkehrt.

Gemäss dem Historiker Andreas Weiß gab es bereits 1487 eine Fähre in der Region. Ständig belegt ist sie seit dem 17. Jahrhundert. Ihre genaue Lage wechselte mehrmals zwischen dem heutigen Standort im Ortsteil Jüppen und den etwas weiter rheinabwärts gelegenen Farhüsern hin und her.

Die Fähre wurde wiederholt totgesagt. 1977, als man den Bau eines Fussgängerstegs zwischen Waldshut und Full diskutierte, war sie ernsthaft gefährdet. Der Steg fehlt bis heute, die Fähre hingegen setzt nach wie vor Mensch und Velo über, und der Schiffsführer – so die offizielle Berufsbezeichnung des Binnengewässerkapitäns – fertigt, falls nötig, auch die Einkäufe der Passagiere zolltechnisch ab.

Das Zollhäuschen und das weiss gestrichene Wartehäuschen auf dem Damm bei der Anlegestelle haben einen ganz eigenen Charme. Zusammen mit dem alten Zollstrassenschild wirken sie wie malerische Relikte aus der Vergangenheit. Dazu passt die Bronzeglocke im Wartehäuschen. Schlägt man sie an, hallt ihr voller Klang über den Rhein. Unwahrscheinlich, dass die «Waldshut-Tiengen» da einen wartenden Passagier am Ufer stehen lässt.

Die Fähre unternimmt auch diverse Brunch- und sonstige Rundfahrten und kann für spezielle Anlässe gemietet werden. Der «Rhy» ist nämlich auch in Full schön, nicht nur «z'Basel».

Adresse Bei der Hauptstrasse 1, 5324 Full, www.rhein-schiffahrt.de | **Anfahrt** Route 7 (Koblenz/Basel), nach der Aare-Brücke rechts (Fullerstrasse), der Strasse bis zur Anlegestelle folgen | **Öffnungszeiten** Die Fähre setzt von Waldshut aus immer zur vollen Stunde über. | **Tipp** Die Landhausmöbel-Ausstellung in Kleindöttingen: Wer nach Antiquitäten, Klostertischen, Bauern- oder Landhausmöbeln sucht, könnte im riesigen Lager von Baldinger & Töchter an der Gewerbestrasse 10 fündig werden.

FULL

44_Die Zinnfiguren
Klasse und Masse

Bisweilen müssen Zinnfiguren auch im richtigen Leben in die Welt hinausziehen und nicht nur im Märchen. Doch im Gegensatz zur Geschichte von Hans Christian Andersen, wo der einbeinige Zinnsoldat im Ofen zu einem Herzen schmilzt, finden die Standhaften der Sammlung Erich Reber heil und ganz eine neue Heimat. Dreizehn Jahre waren sie im Schloss Interlaken ausgestellt, dann mussten sie der kantonalen Verwaltung weichen und das Feld, respektive die alte Propstei, räumen. Das war 2010.

Seit dem 5. April 2013 ist die wackere Schar im Schweizerischen Militärmuseum zu bestaunen. Grössenmässig spielen die sonstigen Exponate des Museums in einer anderen Liga, zahlenmässig aber können es Königstiger, gepanzertes Mowag-Raupenfahrzeug oder Flugbombe mit den nahezu 100.000 Zinnfiguren bei Weitem nicht aufnehmen.

«Weltgeschichte in Zinn gegossen» lautet das Motto der Dauerausstellung. Zu ambitiös denkt man, bis man vor den 29 Vitrinen steht. Natürlich zeigen die verschiedenen Schaubilder, zu denen die Figuren gruppiert und festgeklebt worden sind, nicht DIE Weltgeschichte, und schon gar nicht die ganze, aber das Spektrum der nachgestellten Schlachten beeindruckt. Es reicht von der Antike bis zum Zweiten Weltkrieg, vom Untergang Trojas, der Belagerung Jerusalems, der Schlacht bei Sempach bis zum Gefecht am Little Bighorn River, dem Boxeraufstand in China oder der Schlacht an der Marne. Im Lauf der Zeit verschob sich Rebers Interessenschwerpunkt von der Entwicklung der militärischen Taktik hin zu kulturhistorischen Figuren. Daher befinden sich unter den Szenen auch eine Polarexpedition, eine Tigerjagd, ein Piratenfest und vieles mehr.

Interessant ist die Ausstellung zudem wegen des Figurenmaterials an sich. Sehr genau ausgeführte künstlerische Figuren finden sich neben alten, in Heimarbeit oder in Gefängnissen bemalten Spielzeugfiguren, die im Grunde Massenware sind.

Adresse Industriestrasse, 5324 Full, www.militaer-museum.ch | **Anfahrt** Route 7 (Koblenz/Basel) bis Full-Reuenthal, im Waldgebiet nach der lang gezogenen Linkskurve rechts und dem Wegweiser «Militärmuseum» folgen | **Öffnungszeiten** April–Okt. Fr–So 10–17 Uhr | **Tipp** Das Festungsmuseum Reuenthal: Zum Festungsmuseum nördlich von Reuenthal gehören auch diverse Aussenanlagen, die geführt besichtigt werden können. April–Okt. Sa 13–17 Uhr geöffnet.

45 Die Erdlöcher
Das schützenswerte Nichts

Hätten die Gallier in Hellikon gehaust, hätte ihre erste Sorge eher der Erde als dem Himmel gegolten. Der Himmel nämlich blieb bisher auch in Hellikon, wo er hingehört, die Erde aber …

In Florida ist man es offenbar gewohnt, dass der Grund unvermittelt aufreisst. Es käme dort jährlich tausendfach zu Absenkungen im Kalksteinboden, schrieb die Presse, nachdem ein Mann samt Bett von der Erde verschluckt worden war.

Nun ist Hellikon nicht Amerika, doch Absonderliches geschieht auch hier. Der Helliker Bauer staunte jedenfalls nicht schlecht, als eines Tages im Dezember 2009 auf seiner Wiese ein tiefes Loch klaffte. Zehn Tage später war ein zweites da. Das Phänomen habe mit der schräg abfallenden Schichtung des Hügels Neulig zu tun, erklärt der Geschäftsführer von «Pro Natura Aargau». Bei entsprechender Wasserzufuhr rutsche eine Tiefschicht auf der glitschigen Lehmschicht darunter. Dort, wo die Schicht unterirdisch abreisse, bilde sich eine Kaverne. Brechen die darüberliegenden Schichten ein, entstünden Löcher.

Weniger prosaische Köpfe wissen allerdings um die sagenumwobene Zeit der Raunächte zwischen Weihnachten und dem sechsten Januar, wenn das Geisterreich offen steht und die Seelen der Toten die Lebenden aufsuchen. Und dass die Erdmännchen unter dem Neulig haus(t)en, ist ebenfalls kein Geheimnis. Schliesslich fiel eine Katharina einst, als sie nach den Erdmannliwohnungen suchte, in die «Katharinenhöhle». Zwar wurde sie lebend geborgen, verstarb aber wenige Tage später an den Folgen des Sturzes.

Wie auch immer, die Löcher sind auf jeden Fall interessant; so interessant, dass «Pro Natura Aargau» sie erworben hat und schützen will. Dabei geht es weniger um die Löcher als Biotope, sondern um die Löcher als Geotope, also um die Tatsache, dass sich hier geologische Prozesse beobachten lassen. Eine spannende Sache, so ein Nichts mit Erde und Steinen drum herum.

Adresse Auf dem Neulig, Oberdorf, 4316 Hellikon | **Anfahrt** A 3 (Ausfahrt 15 Rheinfelden-Ost), den Wegweisern nach Möhlin folgen, in Möhlin nach der starken Linkskurve rechts (Richtung Zeiningen), geradeaus bis Hellikon, am Dorfeingang bei der Bushaltestelle rechts (Stygli), am Ende der Strasse leicht rechts (Oberdorf), der Strasse bis kurz nach dem Wald folgen, die Löcher liegen linker Hand | **Tipp** Die Selfmade-Garage in Zuzgen: Informationen zur Werkstatt mit Autolift unter www.selfmade-garage.ch

46 Der Bergwerksilo
Schlafen im Bauch des Riesentrichters

Der ursprüngliche Inhalt hat auf der Betonfassade seine rostroten Spuren hinterlassen. Eisenerzpatina könnte man den «Anstrich» nennen, mit dem die 25 Jahre im Dienst der «Jura-Bergwerke AG» den Silo versehen haben. Ein ebenso beeindruckender wie ungewöhnlicher Bau: 17,5 Meter hoch, mit einem Fassungsvermögen von 1.000 Tonnen Erzgestein; theoretisch jedenfalls, denn praktisch lagert längst kein Eisenerz mehr darin.

1967 wurde das Eisenbergwerk Herznach, einst das grösste der Schweiz, als Letztes seiner Art stillgelegt. Elf Beschäftigte verloren ihren Arbeitsplatz und der Verladesilo seine Bestimmung. Zum Glück hatte er bessere Fürsprecher als die 4,2 Kilometer lange Seilbahn, mit der das abgebaute Erz zum Bahnhof Frick und von dort mit Bahn und Schiff via Basel ins Ruhrgebiet transportiert wurde. Verhüttet werden konnte das Erz in der Schweiz nämlich nicht, dazu fehlte ein geeigneter Hochofen.

Die Materialseilbahn ist längst verschwunden, der Silo steht nach wie vor. Noch immer dient er dem Hüttenwesen – allerdings nicht mehr demjenigen, das mit der Gewinnung und Verarbeitung von Metallen zu tun hat, sondern demjenigen, das mit dem Beherbergen von Menschen zusammenhängt. Zwei Jahre haben Brigitte Deiss und Ueli Hohl gebraucht, um den Silo bewohnbar zu machen. Wo einst das Material aus dem «Hübstel» lagerte, übernachten nun Gäste. Zwei Doppel- und zwei Familienzimmer, jedes in einer anderen Farbe gehalten, stehen zur Auswahl. Das Frühstück wird in der obersten Etage serviert, im Wohnbereich der Gastgeber, 360-Grad-Rundumsicht inklusive. Auch eine Bergwerkstube für kleinere Gesellschaften bis 30 Personen ist vorhanden. Und neben dem Silo ein Dammhirschgehege und ein Naturschwimmteich – sowie die Ausstellung des Vereins «Eisen und Bergwerke». In Anlehnung an dessen Motto «Zurück in den Stollen» kann man Bed-and-Breakfast-Freunden nur raten: Zurück in den Silo.

Adresse Bergwerkstrasse 36, 5027 Herznach, www.bergwerksilo.ch | **Anfahrt** A 3 (Ausfahrt 17 Frick), Richtung Aarau/Ueken, bis Herznach, vor der Post rechts (Bergwerkstrasse) | **Tipp** Der Eisenweg Wölflinswil-Herznach-Zeihen: Der Weg bietet Informationen zur Geologie des Juras und dem Eisenerzabbau im Fricktal.

47 — Der Sparsarg
Die Mehrweg-Totentruhe

Reformwillige Politiker haben es nicht leicht. Würde er noch leben, könnte Joseph II. von Österreich ein Lied davon singen. Während seiner Regierungszeit musste er mehrere Dekrete widerrufen. So auch jenes aus dem Jahr 1784. Dabei wollte der Kaiser mit der Einführung von wiederverwendbaren Gemeindesärgen lediglich die Verwesung der Leichen beschleunigen, Holz sparen und die Beerdigungskosten senken. Seine Untertanen hingegen hielten wenig davon, nach ihrem Tod nackt in einen Leinensack eingenäht, in eine bereits benutzte Truhe mit Klappboden gelegt, in das offene Grab «geklappt» und mit gelöschtem Kalk bestreut zu werden. Knapp sechs Monate nach Erlass der Verfügung sah sich der Kaiser deshalb gezwungen, sie zurückzunehmen – nicht ohne dabei einen bissigen Kommentar über die Unvernunft des Volkes abzugeben.

Wegen der kurzen Laufzeit des Dekrets haben sich nur wenige josephinische Sparsärge erhalten; einer davon im einst vorderösterreichischen Herznach. «Wahrscheinlich wurde der Sarg von einem Schreiner namens Aklin hergestellt», sagt Linus Hüsser. Der Historiker muss es wissen, schliesslich ist er der Geschichte des Schreins mit dem Klappboden nachgegangen und hat 1998 in «Vom Jura zum Schwarzwald 72» unter anderem die These widerlegt, es handle sich dabei um einen Pestsarg. «Die Rücknahme des Dekrets scheint den Schreiner mitten in der Arbeit erreicht zu haben», erzählt Hüsser weiter, «einzelne der als Verzierung gedachten Knochen- und Schädelkonturen wurden nicht mehr ausgemalt, sondern bloss in den Deckel geritzt. Man sieht sogar noch den Zirkeleinstich für den Schädelkreis.» Vermutlich wurde der Sarg daraufhin ungebraucht im Beinhaus neben der Pfarrkirche eingelagert.

Aus dem Beinhaus wurde eine Leichenhalle, der josephinische Sparsarg aber steht noch immer darin und erinnert an das Nützlichkeitsdenken des österreichischen Reformkaisers.

Adresse St.-Nikolaus-Kirche, 5027 Herznach. Der Schlüssel für das Beinhaus ist im Pfarreisekretariat am Kirchweg 5 erhältlich. | **Anfahrt** A 3 (Ausfahrt 17 Frick), Richtung Aarau/Ueken, bis Herznach, bei der 2. Postautohaltestelle rechts (Kirchstrasse), der Strasse bis zur Kirche folgen | **Öffnungszeiten** Sekretariat Mo 15–18 Uhr, Do 9–11.30 Uhr | **Tipp** Die Burgruine Urgiz bei Densbüren: Viel ist nicht mehr erhalten von der rätselhaften Ruine auf dem Felskopf. Nicht einmal die Bedeutung des Namens ist geklärt.

48 Die Schlosskapelle
Knie nieder und tritt ein

Es gibt kaum jemand in der Schweiz, der den Namen nicht schon mit Füssen getreten hat, so verbreitet, wie die Schachtdeckel mit dem eingegossenen «von Roll» hier sind. Während die Gusseisen-Affinität der Familie allgemein bekannt ist, wissen wohl eher wenige, dass die von Rolls von 1749 bis 1832 die Schlossherrschaft von Hilfikon innehatten. In dieser Funktion verhalfen sie dem Aargau zu einem wahren Kapellenbijou.

Franz Viktor Augustin Freiherr von Roll zu Emmenholz, ein Urahn des Mitbegründers des Von-Roll-Eisenwerks, gehörte nicht nur zu den «Rittern vom Heiligen Grab», sondern besass auch eine gut gefüllte Geldschatulle. Mit dieser kaufte er sich Schloss und Schlossherrschaft und ersetzte die Schlosskapelle von 1510 durch ein Bauwerk nach seinem Gusto. Die heutigen Kunstliebhaber freut's, und der Kanton stellte die Kapelle mit ihren Wand- und Deckenfresken sowie der massstabsgetreuen Nachbildung des Heiligen Grabes von Jerusalem unter Denkmalschutz.

Die Grabnachbildung findet man im Chor, hinter dem goldfarbenen Tabernakel und der lebensgrossen Kreuzigungsgruppe des Rokokoaltars. Über das Grabgebäude, das aussieht wie eine Kapelle in der Kapelle, spannt sich ein üppig bevölkertes Himmelsgewölbe. Vielleicht könnte ein Fachmann all die Heiligen benennen, die Franz Anton Rebsamen anbetend um die Heilige Dreifaltigkeit gruppiert hat. Ob das Fresko Missfallen erregte? 1901 wurde es laut Denkmalschutzbericht übertüncht und dabei teilweise zerstört.

Um in den Vorraum des Grabes zu gelangen, muss man sich bücken; für die eigentliche Grabkammer braucht's einen Kniefall. Ein eigenes Gefühl; nicht oft betritt man einen Raum auf Knien. Zunächst sieht man nur wenig und wenn man nicht weiss, dass es einen Lichtschalter nach dem ersten Durchgang rechts hat, bleibt man auch im Dunkeln. Schade, denn es kommt nicht jedes Mal ein Sigrist vorbei, wenn man im Dunkeln tappt.

Adresse Schloss Hilfikon, 5613 Hilfikon | **Anfahrt** Route 1 (Lenzburg / Zürich) bis Villmergen, ab Villmergen dem Wegweiser «Hilfikon» folgen, vor dem Gemeindehaus links (Poststrasse), am Ende der Strasse geht rechts ein Fussweg zur Schlosskapelle ab | **Öffnungszeiten** an Sonn- und allgemeinen Feiertagen | **Tipp** Das private Lastwagen- und Automuseum Setz: Auf Anfrage sind Führungen für Besuchergruppen möglich. Info unter hanspeter.setz@setz.com.

KAISERAUGST

49 Der Römische Haustierpark Augusta Raurica

Kinder(wagen)gerechter Einblick in die Vergangenheit

«Wir sind ausserhalb des Tierparks auf der Weide», haben die Ehringer Rinder an ihrem Gehege vermerkt. Ob sich ihr Ausflug verzögert hat? Oder musste das Rind, das seine raue Zunge nach dem Handrücken jenseits des Drahtgeflechts streckt, daheimbleiben? Ein schönes Tier. Eher klein und für ein Rindvieh geradezu knuddelig. Von den kräftigen Hörnern, die auf der Informationstafel erwähnt sind, ist nichts zu sehen. Überhaupt wirkt der Fleischberg auf der Abbildung bulliger als das lebende Pendant. Es ist wohl das Nesthäkchen der Familie. Die Graugänse grasen in ihrer Einfriedung. Anders als ihre römischen Gefährten wachen sie nicht über das Kapitol, sondern über das, was vom linken Turm des Osttores übrig geblieben ist. Wirklich Bescheid zu wissen über ihre Wächtervorfahren scheinen die Vögel allerdings nicht. Sie heben kaum den Kopf, als die Besucher das einstige Stadttor passieren.

Esel, Rind, Gans, Pfau, Huhn, Schwein, Ziege, Schaf: Sie alle sind der atmende Beweis dafür, dass universitäre Forschungsergebnisse nicht staubtrocken vermittelt werden müssen. Der römische Haustierpark entstand aus dem Wunsch der Forschungsgruppe «Archäozoologie» des «Instituts für prähistorische und naturwissenschaftliche Archäologie» der Universität Basel, der Öffentlichkeit möglichst anschaulich zu präsentieren, was sie über die römische Haustierhaltung herausgefunden hat. Unterstützt wird sie dabei von der Stiftung «Pro Specie Rara»; diese züchtet gezielt alte Haustierrassen zurück und setzt sich für deren Erhalt ein. Die gezeigten Tiere entsprechen zwar nicht hundertprozentig dem, was Cäsars Weg einst kreuzte, doch sie sind so «römerähnlich» wie eben möglich.

Der Pavillon mit seinem Panoramabild enthüllt Erstaunliches: lebende Austern in Augusta Raurica? Per Eiltransport herbeigeschafft? Wie sagte doch Obelix: «Die Spinnen, die Römer.»

Adresse Schwarzackerstrasse, 4303 Kaiseraugst | **Anfahrt** Route 3 (Rheinfelden / Basel) bis Kaiseraugst, nach dem Industriequartier links (Richtung Giebenach / Liebrüti), 2. Strasse rechts (Schwarzackerstrasse) | **Öffnungszeiten** täglich 10–17 Uhr | **Tipp** Die Römerstadt Augusta Raurica: Der Tierpark ist Teil davon. Das Zentrum liegt an der Giebenacherstrasse 17 in Augst.

50 Der Skulpturenweg
Gespräche über Grenzen hinweg

Amerika sei Dank. Jetzt ist wissenschaftlich untermauert, was Aristoteles und Rousseau längst wussten: Spazieren regt das kreative Denken an. Wenn das kein Argument ist, die neuneinhalb Kilometer des Skulpturenwegs unter die Füsse zu nehmen. Der Weg ist ein Gemeinschaftsprojekt des Städtchens Kaiserstuhl – die flächenmässig kleinste Gemeinde des Aargaus – und des deutschen Hohentengen. Von Kaiserstuhl aus führt er am heiligen Nepomuk vorbei nach Deutschland, rheinaufwärts zum Kraftwerk Eglisau-Glattfelden und am linken Rheinufer via Zürcher Kantonsgebiet zurück nach Kaiserstuhl.

Zwölf Künstler, die alle etwas mit der Region zu tun haben, setzten sich mit dem Thema «übers Wasser – übers Land» auseinander. Die Ergebnisse könnten nicht unterschiedlicher sein. Es lohnt sich, die kurzen Texttafeln bei den Skulpturen zu lesen; das von den Initianten und Künstlern angestrebte Gespräch erhält dadurch einen befruchtenden Anstoss.

Die Skulpturen suchen nicht nur den Dialog mit dem Betrachter, sie tauschen sich auch mit ihrer Umgebung aus; bisweilen in ungewollter Form. So wurde Behrouz Varghaiyans Skulptur vom Hang, auf dem sie stand, in die Tiefe getragen. Der Hang ist wieder befestigt, und das «wandernde» Werk hat unweit des ursprünglichen Standorts einen neuen Platz gefunden. Ein buchstäblich schweres Unterfangen, denn der Stahlring wiegt schlappe 21 Tonnen. Die Wege der Natur sind eben unergründlich. Das ist auch schön. Weniger schön ist, dass immer wieder Skulpturen mutwillig beschädigt werden. Ekkehard Altenburgers «Boot-Haus-Landschaft» muss aus diesem Grund zurzeit ohne Boot auskommen.

Kaiserstuhl liegt übrigens in der Anflugschneise des Zürcher Flughafens. Wem der Sinn weniger nach Kultur steht, kann unterwegs also auch Planespotting betreiben. Und das denkmalgeschützte Flusskraftwerk ist ein Bijou seiner Art.

Adresse 5466 Kaiserstuhl. Der Rundweg beginnt jenseits der Rheinbrücke und ist ausgeschildert, www.skulpturenweg.de, zum Weg ist eine Broschüre erhältlich, Tel. 056/2650030. | **Anfahrt** Route 7 (Bad Zurzach/Winterthur) bis Kaiserstuhl, im Kreisel 3. Ausfahrt, der Strasse Richtung Rhein bis zum Parkplatz folgen, von dort zu Fuss via Schulweg-Rheingasse zur Brücke | **Tipp** Das Laxdal-Theater: Das Kleintheater im Keller des «Amtshaus St. Blasien» konzentriert sich auf zwei Eigenproduktionen pro Jahr.

51 Die Chäsi Künten
Aargau von mild bis rezent

Einer, der so frech heisst, muss einfach mit. Einen kleinen Stinker findet man nicht alle Tage. Genauso wenig wie einen Bio Sepp, ein Künter Mutschli, einen Habsburger Ritterkäse, einen Bio Urchrüter, einen Aargauertraum, einen ... «Und wer hät's erfunde?» Für einmal nicht der Schweizer Kräuterbonbonhersteller, sondern Käsermeister Sepp Brülisauer aus der Chäsi Künten.

Rund drei Millionen Liter Milch verarbeitet Brülisauer zusammen mit seiner Frau und den beiden Söhnen pro Jahr. Etwa die Hälfte davon bezieht er von Kühen aus Künten oder aus Sarmenstorf; der Rest, der für die Käsesorten in Bioqualität gebraucht wird, stammt vom Bio-Milch-Pool Oberaargau-Emmental.

Die Spezialitätenkäse der Chäsi Künten heissen nicht nur speziell, sie schmecken auch speziell gut. Das hat sich im In- und im Ausland herumgesprochen. Und weil der Käse nirgends frischer bezogen werden kann als beim Produzenten selbst, nutzen die Käseliebhaber die Gunst des Samstagvormittags oder der halben Stunde vor dem Feierabend, um direkt in der Chäsi einzukaufen. Eigentlich beliefere man Gastronomie und Handel, der Direktverkauf sei nur ein Hobby, sagt Sibylle Brülisauer, während sie mit Abschneiden und Einpacken kaum nachkommt. Wenn Hobby bedeutet, dass man engagiert und gut gelaunt bedient wird, wünschte man sich überall nur noch Hobbyverkäufer. Bei Sibylle Brülisauer muss niemand die Katze – pardon – den Käse im Sack kaufen. Sie erkundigt sich ganz genau nach den Geschmacksvorlieben, schneidet ein Schnäfeli von diesem Laib ab und ein Probiererli von jenem; jeder soll nur das nach Hause tragen, was ihm wirklich zusagt. Das können übrigens auch Fonduemischungen oder Raclettekäse inklusive mietfreiem Racletteofen sein.

Wie die Käseherstellung abläuft, beschreiben die Brülisauers im Internet. Dort hat auch jede der 24 Sorten ihren Steckbrief. Wanted: guter Käse? Dann auf nach Künten.

Adresse Sepp Brülisauer, Unterdorf 6, 5444 Künten, www.chaesi-kuenten.ch | **Anfahrt** A1/A3 (Ausfahrt 54 Baden-West), Richtung Bremgarten, bis Künten fahren, nach dem Gemeindehaus rechts (Unterdorf) | **Öffnungszeiten** Mo–Di und Do–Fr 18.30–19 Uhr, Sa 9–11.30 Uhr | **Tipp** Die 38,7 Kilometer lange Mountainbike-Tour über den Heitersberg. Tourenblatt unter www.gps-tracks.com.

KÜTTIGEN

52 Die Erdnussröstmaschine
Veteranin mit Suchtpotenzial

Wenn eine Frucht das Attribut unorthodox verdient, dann das Spanische Nüssli. In Wahrheit eine Hülsenfrucht, schmeckt es ungeröstet nach rohen Erbsen. Es blüht oberirdisch, das Nüssli entwickelt sich jedoch unterirdisch, nachdem der Fruchtknoten an einer langen Ranke in die Erde hineingewachsen ist. Und es wird aus Israel importiert, aus Brasilien, aus den USA und wer weiss, woher noch, aber nicht aus Spanien.

Bei so viel Eigenwilligkeit erstaunt es nicht, dass die Erdnüsse in Küttigen nicht einfach in einer Nullachtfünfzehn-Rösterei geröstet werden, sondern zwischen handgemachten Ofenplatten; mit einer kleinen Röstmaschine aus der Zeit der Jahrhundertwende. Fünf bis sechs Kilogramm bewältigt die Veteranin pro Röstdurchgang. Dafür braucht sie etwa 20 Minuten. Während des Röstens sind die Früchte stets in Bewegung. Ähnlich der Wäsche in der Waschmaschine werden sie in einer rotierenden Trommel durcheinandergewirbelt. Und wie bei der Waschmaschine kann man ihnen dabei zuschauen. Das ist zwar nicht so abwechslungsreich wie der Sonntagabendkrimi und auch entschieden lauter, aber dieser Duft – herrlich.

Eine ausgeklügelte Elektronik, die den Röstvorgang steuert, sucht man vergebens. Die braucht es auch nicht, denn da ist Sabine Gürber mit ihrer Erfahrung und ihrem Herzblut. Klingelt der manuell eingestellte Küchenwecker ein erstes Mal, nimmt sie mit dem Probierstutzen einzelne Nüsschen aus der Maschine und kontrolliert ihre Bräune. Der Zeitpunkt, zu dem die Klappe geöffnet und die Trommel geleert wird, muss genau getroffen werden. Wenige Sekunden entscheiden über gummig, knackig oder zu viel des Guten. Die Gürber-Nüssli sind perfekt. Aber Achtung: Erdnüsse haben eh schon Suchtpotenzial; röstwarm sind sie einfach unwiderstehlich. Sabine Gürber könnte daher problemlos mehr als die zwei Tonnen verkaufen, die sie pro Saison röstet. Doch eine alte Mini-Röstmaschine ist nun mal kein Turboofen.

Adresse Gürber Keramik Manufaktur, Hauptstrasse 30, 5024 Küttigen, www.keramikmanufaktur.ch | **Anfahrt** Route 24 (Aarau / Frick), im Kreisel nach dem Horentunnel 2. Ausfahrt (Richtung Küttigen), der Strasse bis Hauptstrasse 30 folgen | **Öffnungszeiten** Frisch geröstete Erdnüsse gibt es von Mitte Oktober bis Ende Januar; Informationen unter www.erdnuesse.ch/kontakt | **Tipp** Der Wildpark Roggenhausen: Das Familienausflugsziel mit Restaurant, Spielplatz, Scooterbahn und vielen Tieren liegt 6 Kilometer von Küttigen entfernt westlich von Aarau.

53 Die Gassi-Bären
Schau mir in die Augen, Kleines

Ehe man sich's versieht, ist's passiert: Von Amors Pfeil getroffen, schmilzt man dahin. Liebe auf den ersten Blick nennt sich das Phänomen – jetzt auch zwischen Mensch und Teddybär beobachtet.

Die süssen Kerle sind aber auch unwiderstehlich, und dabei bis aufs letzte Mohairhaar klassische Teddybären; ihr Pelz stammt aus der Steiff Schulte Webmanufaktur und ist damit – gemäss Firmenslogan – aus «dem Stoff, aus dem die Teddys sind!» Sogar der kleine Buckel, wie ihn die ursprünglichen Teddys besassen, ist vorhanden. Diese sollten ja an echte Bären erinnern. Standen sie auf allen vieren, war die Ähnlichkeit in der Tat unverkennbar. Buckel sei Dank.

Auf die Bären gekommen ist Marlise Gassmann über ihre Liebe zu altem Spielzeug. Antike Teddybären haben jedoch einen entscheidenden Nachteil: ihr Preis. Gassmann löste das Problem auf ihre Art. Sie kaufte sich Literatur zum Thema und ging ans Werk. Die ersten Bären waren riesig und nach Schnittmuster gearbeitet. Längst sind ihre Teddys Eigenentwürfe und passen gut ins Regal. Lediglich das Näschen wurde immer spitzer, und der Gesichtsausdruck dadurch immer kecker.

Eine Besonderheit der Gassi-Bären ist die liebevolle Präsentation. Sie sitzen nicht in Reih und Glied, sondern sind in kleine Szenen eingebunden. Das Zubehör dafür ist selbst gemacht oder stammt vom Flohmarkt. Beobachtet wurde es zwar noch nie, aber es ist so gut wie sicher, dass im Lädeli ein munteres Treiben herrscht, sobald die menschlichen Hausbewohner schlafen.

Zu besonderen Ehren kam 2010 Graf-Hans-Teddy. Der Stadtherr Graf Hans IV. – im 14. Jahrhundert stets knapp bei Kasse, im 21. Jahrhundert dank Stadtführungen der ärgsten Geldsorgen enthoben – geleitete eben den Gesamtbundesrat durch die Gassen, da traf er auf sein bäriges Pendant. Bass erstaunt zog er den Hut und grüsste ehrerbietig. Was die Politiker über den Vorfall dachten, ist nicht überliefert.

Adresse Fluhgasse 140, 5080 Laufenburg, www.gassi-art-and-trade.com | **Anfahrt** A3 (Ausfahrt 16 Eiken), Richtung Laufenburg, im Zentrum von Laufenburg links (Richtung Spital), auf dem Parkplatz gleich nach dem Abbiegen parkieren, der Strasse zu Fuss folgen, beim Museum «Schiff» links (Fluhgasse) | **Öffnungszeiten** nach Vereinbarung unter Tel. 062/8740737 | **Tipp** Auf dem Holzfloss von Etzgen nach Laufenburg: Das Floss wird von einem Motorboot begleitet. Info unter www.j-c-tours.ch.

54 Der Stern von Laufenburg
Die Wiege des europäischen Stromverbundes

Das tiefe Brummen klingt unheimlich. Wie auch immer man zum Thema «elektrische und magnetische Felder» steht, wohnen möchte man unter den Leitungen nicht. «Der Strom singt», sagt ein Bub, der mit seinem Grossvater Richtung Kaisten spaziert. Der Physiklehrer sieht die Sache prosaischer und erzählt von Wassertropfen an den Leitungen, die – von der Frequenz des fliessenden Stroms angeregt – in Schwingung versetzt werden und zu brummen beginnen.

Die Strom-Freiluftschaltanlage ist riesig. Allein die elf Schalt- und zwei Kuppelfelder des 220-Kilovolt-Bereichs bedecken mehr als drei Fussballfelder. Noch. Sobald die neue gasisolierte Indoor-Schaltanlage fertiggestellt ist, was Ende 2016 der Fall sein soll, wird sie zurückgebaut werden. Die noch grössere 380-Kilovolt-Anlage an der Kaisterstrasse dagegen bleibt erhalten.

Wie es 1958 überhaupt zum «Stern von Laufenburg» kam, ist eine Geschichte für sich. Nach dem Krieg brauchte Deutschland für den Wiederaufbau mehr Strom. Frankreich hätte diesen liefern können. Doch wie man sich unschwer vorstellen kann, war ein Dialog zwischen den beiden Nationen unmöglich. Der Direktor des Kraftwerks Laufenburg erreichte mit diplomatischem Geschick, dass die beiden Nationen einer indirekten Transferlösung zustimmten. In der Folge baute man die Anlage in Laufenburg und schaltete dort die Stromnetze Frankreichs, Deutschlands und der Schweiz auf der 220-Kilovolt-Spannungsebene zusammen.

Dann kam das Jahr 1960: Die Olympischen Sommerspiele in Rom. Die ersten Fernsehübertragungen, damals noch mit einem analogen Signal, standen an. Das Problem des Analog-Fernsehens ist, dass das Bild im Takt der an das Stromnetz angeschlossenen Generatoren mit einer Frequenz von 50 Hertz flimmert. Sind die an der Übertragung beteiligten Stromnetze nicht synchronisiert, erhält man kein vernünftiges Fernsehbild. Das durfte natürlich nicht sein. Und so wurde Italien im bestehenden Bund der Vierte.

Adresse Kaisterstrasse, 5080 Laufenburg, www.swissgrid.ch | **Anfahrt** A 3 (Ausfahrt 16 Eiken), Richtung Laufenburg, in Laufenburg beim Wegweiser «Kaisten» rechts abbiegen (Kaisterstrasse) | **Tipp** Das Rehmann-Museum: Das Museum am Schimelrych 12 wurde quasi um Werkstatt, Atelier und ehemalige Giesserei des Bildhauers Erwin Rehmann herumgebaut. Mi, Sa, So 14–17 Uhr geöffnet.

55 — Die Boulderhalle
Mit dem Kopf durch die Wand

Im Vergleich zur Kletterhalle, wo Myriaden von Kindern an Seilen gesichert die Wände hochgehen, ist es hier geradezu paradiesisch still. Dazu fällt auf, wie hell der Raum ist. Er hat auch eine fröhliche Ausstrahlung, was vor allem an den unzähligen Farbtupfern auf den weissen Blöcken und Kletterwänden liegt. Wenn Sie zur Nichtschwindelfrei-Fraktion gehören, dürften sich Ihnen allein beim Wort Kletterwand die Nackenhaare sträuben. Im Fall der Boulderhalle zu Unrecht. Die dicken Matten sind nämlich stets in beruhigender Absprungentfernung. Das Bouldern ist damit genau das Richtige für alle, die nur durch ihre Höhenangst vom Klettern abgehalten werden.

Beim Bouldern braucht man weder Seil noch Sicherheitshaken. Es geht auch nicht darum, hohe Gipfel zu erreichen. Ziel ist es vielmehr, mit Technik, Köpfchen und Kraft Kletterprobleme zu lösen. In der Natur geben die Strukturen des Felsens die Probleme vor; in der Halle werden sie durch Griffe, die man in die Wand schraubt, künstlich geschaffen. Dabei gilt im Prinzip: Griffe derselben Farbe bilden eine Route.

Die Könner bewegen sich wie eine Mischung aus Eichhörnchen und Spiderman durch die Wand. Aber jeder fängt einmal klein an. Grün sei einfach, sagt jemand vom Hallenpersonal. Und die Frage, was man zum Bouldern denn brauche, ist schnell beantwortet: Kletterfinken. Hat man keine, kann man sich für wenig Geld welche mieten. Für Menschen, die mehr als nur eine einmalige Zehe voll Bouldergefühl mitnehmen und die rund 450 Quadratmeter Boulderfläche ausführlicher erkunden möchten, lohnt sich zudem eine Instruktorenstunde. Zwar merkt man auch so, dass Griff nicht gleich Griff ist; manche haben Fingerlöcher, manche muss man wie mit einer Zange umklammern, manche mit der aufgelegten Handfläche halten. Doch zum Erlernen der richtigen Technik und auch für das Sturztraining ist ein Fachmann Gold wert.

Adresse Kraftreaktor AG, Hammermattenstrasse 18, 5600 Lenzburg, www.kraftreaktor.ch | **Anfahrt** A1 (Ausfahrt 51 Lenzburg), Richtung Lenzburg, rechts abbiegen (Richtung Bern/Lenzburg), rechts abbiegen (Richtung Brugg/Möriken-Wildegg), 2. links (Richtung Lenzburg Industrie), nach S-Kurve rechts (Hammermattenstrasse) | **Öffnungszeiten** siehe Homepage | **Tipp** Das Stapferhaus: Es bietet hochkarätige Ausstellungen und Veranstaltungen zu Gegenwartsfragen.

LENZBURG

56 — Das Hämmerli Palace
Ein Viergangmenü in der ehemaligen Schiessbaracke

«Diese Stube ward errichtet vom Waffenfabrikanten Rudolf Hämmerli in Lenzburg da man zählte das Kriegsjahr», steht an der niedrigen Decke entlang geschrieben. Gemeint ist wohl der Erste Weltkrieg, denn die Waffenfabrik, zu der die Stube gehörte, wurde 1863 in der Aavorstadt gegründet. 20 Jahre später übersiedelte sie auf das Gelände am Aabach, wo besagter Rudolf dann besagte Stube baute. Damals wurde darin Schmieröl gelagert, heute dient sie als Weinkeller und erweiterte Gaststube des «Hämmerli Palace». Die Attraktion findet jedoch in der Baracke gegenüber statt. «Hierinnen wurde mit Präzisionswaffen geschossen», erzählt Gastgeberin Daniela Pfeiffer. Angesichts der offenen Küche und der antiken Geschirrschränke, Leuchter, Kerzen, Sessel und allerlei verspielter Details in der Gaststube kann man sich das kaum vorstellen. Apropos verspielt: Die «Tapete» der Toilettenräume unterhält blendend.

Wer das Hämmerli Palace besucht, muss wissen, dass es sich dabei nicht um ein gewöhnliches Restaurant handelt. Doch kein Grund zur Sorge: Der Gast ist nach wie vor König und wird aufmerksam bedient. Nur muss er sich in keiner Weise um das Essen beziehungsweise dessen Auswahl kümmern. Es gibt, was der Patron und sein Team kochen: über Mittag Salat und Pasta, abends ein mediterranes Viergangmenü. Jeden Tag ein anderes. Serviert wird das Essen in Schüsseln. Jeder nimmt, so viel er mag. Hat jemand noch Hunger, werden die Schüsseln nachgefüllt. Will jemand nur wenig essen, schöpfe er sich wenig oder gehe in ein «normales» Restaurant. Eine Karte für den kleinen Hunger gibt es nicht. Es gibt überhaupt keine Karte. Die braucht es bei einem Menü für alle auch nicht. Die Gastgeberin beschreibt die einzelnen Gänge und erkundigt sich nach allfälligen Allergien. Da das Küchenteam alles frisch zubereitet, kann es Problematisches einfach weglassen oder austauschen. Das Konzept kommt gut an, das Essen schmeckt lecker – darum unbedingt vorher reservieren.

Adresse Seonstrasse 37, 5600 Lenzburg, Tel. 062/2138000 | **Anfahrt** A 1 (Ausfahrt 51 Lenzburg), Richtung Lenzburg, rechts abbiegen (Richtung Bern/Lenzburg), der Strasse folgen (Richtung Luzern/Beinwil am See), nach dem Schwimmbad leicht links (Seonstrasse) | **Öffnungszeiten** Di–Fr 11.11–14.14 und 17.17–23.23 Uhr, Sa 17.17–23.23 Uhr, So 17.17–21.21 Uhr. | **Tipp** Der Industriepfad Aabach: Die Waffenfabrik Hämmerli ist Station 10 von 27 zwischen der Schlossmühle Hallwyl und dem Stellwerk Wildegg. Info unter www.industriekultur-aabach.ch.

LENZBURG

57 Die Steineidechsen
Ein Krabbelplatz an der Sonne

Zu viel lesen? Unmöglich. Und doch: Ab und zu lohnt es sich, die Augen vom Krimi loszureissen und einen Blick aus dem Fenster zu werfen. Im Zug von Aarau nach Lenzburg zum Beispiel; in Fahrtrichtung links. Seit August 2013 «leben» nämlich zwei riesige Eidechsen auf dem Gelände des Kieswerks. Tag und Nacht, sommers wie winters, sonnen, schlafen, schwitzen und frieren sie unmittelbar neben der Bahnlinie. Übersehen kann man sie nicht. Immerhin ist jeder der Steinriesen 35 Meter lang.

Nichts bringt die beiden Tiere aus der Ruhe: weder die vorbeidonnernden Züge noch der Schiesslärm der regionalen Schiessanlage in der alten Kiesgrube noch das Modellauto, das mit hochtourigem Motor ihre Zehen umkurvt. Dennoch lässt man besser die Finger von den sieben Eiern im imposanten Nest. Schliesslich enthält die Literatur- und Filmgeschichte genug schauerliche Beispiele dazu, was mit Eierdieben geschieht.

Die beiden Echsen sind nicht einfach Landschaftsschmuck ohne Sinn und Zweck, sondern es handelt sich dabei um zwei Trockenmauern. Kaum zu glauben, dass bei ihrem Bau kein Gramm Zement verwendet worden ist. Ganz einfach dürfte es nicht gewesen sein, 600 Kubikmeter Findlinge aus der Region sowie Kies und Sand zu zwei eidechsenförmigen Trockenmauern aufzuschichten. Doch wenn eine Künstlerin, ein Natur- und Umweltspezialist und ein Maschinist zusammenarbeiten, ist nichts ausgeschlossen.

Initiiert und ermöglicht wurde die Skulptur vom «Schweizerischen Kies- und Betonverband». Dieser machte sich und der Natur zum zehnjährigen Verbandszusammenschluss dieses besondere Geschenk. Dass Kiesabbau und Naturschutz Hand in Hand gehen können, ist seit Längerem bekannt. Natürliche Lebensräume wie die Flussauen verschwinden mehr und mehr. Wollen Geburtshelferkröte, Gelbbauchunke, Grasfrosch und Co. überleben, heisst es für sie umziehen. Gern auch in die Ritzen zweier Kieswerk-Eidechsen.

Adresse Kieswerk Lenzburg, Fabrikstrasse, 5600 Lenzburg | **Anfahrt** A 1 (Ausfahrt 51 Lenzburg), Richtung Lenzburg, rechts abbiegen (Richtung Bern/Lenzburg), rechts abbiegen (Richtung Bern/Aarau), im Kreisel 1. Ausfahrt (Ringstrasse West), im Kreisel 2. Ausfahrt (Ringstrasse Ost), 1. rechts (Lenzhardstrasse), im Kreisel 3. Ausfahrt (Fabrikstrasse), ans Ende der Strasse fahren | **Tipp** Heiraten auf der Lenzburg: Die Burg ist ein offizielles Trauungslokal des Regionalen Zivilstandesamts Lenzburg. Info unter www.schloss-lenzburg.ch.

58 — Die Winterlinde
Eine Lady fragt man nicht nach ihrem Alter

Wenn einer eine Reise tut, kann er was erzählen. Was kann einer nicht alles berichten, der seit mehr als 800 Jahren am selben Ort steht? Vom Ende der habsburgischen Herrschaft; über die Reformationszeit; von den Auswirkungen der Französischen Revolution; von der Unabhängigkeit des Aargaus von Bern; vom Ersten und Zweiten Weltkrieg.

Möglich, dass die Linde am Dorfeingang auch ein paar Jährchen mehr oder weniger auf dem hohlen Stamm hat. Mangels Jahresringen kennt keiner das genaue Alter des Baumes. Vielleicht predigte ja tatsächlich schon der heilige Gallus im 6. Jahrhundert in seinem Schatten. Dass die Linde erst 1668 vom letzten Linner auf das Grab der an der Pest gestorbenen Dorfbevölkerung gepflanzt wurde, wie eine andere Sage geht, erscheint weniger wahrscheinlich. Schliesslich wurde 1568 eine Anna Meier der Hexerei angeklagt und beschuldigt, unter der Linde mit dem Teufel gesprochen zu haben. Zudem trägt das Dorf Linn, erstmals 1306 belegt, seinen Namen gewiss auch nicht grundlos.

Linden sollen 300 Jahre kommen, 300 Jahre stehen und 300 Jahre vergehen. Falls das stimmt, macht sich die Linde von Linn das Vergehen nicht leicht. Mindestens dreimal hat sie gebrannt – 1863, 1908 und 1979 –, und 1991 wurde gar ein Giftanschlag auf sie verübt. Ein Giftanschlag; auf einen Baum; was soll man dazu sagen.

Seit 1979 hat die Linde ihren eigenen Leibarzt, vielleicht sähe sie sonst weniger gesund aus. Der unbedarfte Spaziergänger jedenfalls, der auf einem der vier Bänklein unter dem Blätterdach sitzt und die Atmosphäre geniesst, bemerkt nichts von den beiden Pilzarten, die den Baum seit Jahren quälen; die Stahlseile hingegen, die die 25 Meter hohe Krone vor dem Auseinanderbrechen bewahren, sieht er wohl. Sie tun der Ausstrahlung des Baumes aber keinen Abbruch. Er ist und bleibt etwas Besonderes, selbst wenn die Sommerlinde in Burgistein bei Thun noch dicker ist.

Adresse Dorfstrasse, 5224 Linn | **Anfahrt** A 3 (Ausfahrt 17 Frick), Richtung Zürich/Brugg, in Neustalden rechts abbiegen (Richtung Linn), der Strasse bis zur Linde folgen | **Tipp** Das Sagimülitäli: Die Linde ist Ausgangspunkt des vier Kilometer langen Rundwegs mit Wasserfall und vielen Orchideenarten.

MAGDEN

59 Der Bunker Ängi Ost
Ein Zeitzeuge im Fels

Einen Bunkerwanderführer, wie er seit Juni 2014 für die Stadt Zürich existiert, gibt es für den Aargau keinen. Bunkerführungslos ist der Kanton deshalb noch lange nicht. Zum einen besitzt das Festungsmuseum Reuenthal im Aargau über 60 militärhistorische Anlagen und bietet Touren für Gruppen an; zum andern gibt es den «Bunkerverein Magden». Erklärtes Ziel des gemeinnützigen Vereins ist es, den Bunker Ängi Ost, der seit August 2014 geführt besichtigt werden kann, für die Öffentlichkeit zu erhalten.

Mit der Armeereform 95 wurden zig militärische Anlagen ausgemustert. Um sie nicht auf Kosten des Bundes weiter unterhalten oder vollständig rückbauen zu müssen, versuchte man, sie zu verkaufen. So auch den Bunker Ängi Ost. Da das mehrgeschossige Felsenwerk baulich interessant und militärhistorisch bedeutsam ist, schritt die Ortsbürgergemeinde Magden zum Kauf; den kleineren Bunker Ängi West hatte sie bereits früher erworben.

Die Anlage Ängi Ost war 1939 als Teil der Sperrstelle Magden-Enge, die sich durch verschiedenartige Kampfanlagen und drei gestaffelte Panzersperren auszeichnet, im Steinbruch gebaut worden. Im Urzustand war sie allerdings nicht besichtigungstauglich. Neben einer neuen Stromleitung, sicherheitstechnischen Anpassungen und einer Bestückung mit originalgetreuen Utensilien und Waffen musste vor allem eine Spindeltreppe eingebaut werden. Undenkbar, dass Besucher die 14 Höhenmeter von einem Geschoss zum andern wie einst die Soldaten der Grenzbrigade via Leiter überwinden.

Auf Wunsch des französischen Oberstleutnants Garteiser war die Anlage 1940 erweitert worden. Wenigstens musste mit der 9-Zentimeter-Panzerabwehrkanone, deren Rohr heute aus der Schiessscharte des Erweiterungsbaus ragt, nie scharf geschossen werden – weder auf «weiche» Infanteristen noch auf «harte» Panzer. Der Schaden wäre wegen der Splitterwirkung der Stahlgranaten beträchtlich gewesen.

Adresse im Steinbruch bei der Sperrstelle Enge, 4312 Magden | **Anfahrt** A 3 (Ausfahrt 15 Rheinfelden-Ost), Richtung Magden, kurz nach der ehemaligen Sperrstelle (der Veloweg ist ab dort auf der Höhe der Hauptstrasse) ist links die Einfahrt zum Steinbruch | **Öffnungszeiten** nach Vereinbarung, Info unter Bunkerverein@magden.ch | **Tipp** Die kommentierten Raubtierdressuren von Jürg Jenny auf der Sennweid in Olsberg: Jeden So von 11 bis circa 12 Uhr kann man dem ehemaligen Dompteur bei der Arbeit zuschauen.

60 Die Museums-Telefonzentrale
Das ratternde Fossil

A ruft B an. Es ist nicht zu überhören. Es werden Relais und Register bewegt, um die Verbindung aufzubauen, was beeindruckend rattert. Und da nicht nur zwei Modellteilnehmer sich unausgesetzt gegenseitig anrufen, sondern deren acht, ist der Lärm beträchtlich. «Eine elektromechanische Anlage muss laufen, sonst kommt es zu Standschäden», erklärt Christoph Bürgin. Den Besucher freut's. So erlebt er haut- und ohrnah mit, wie eine Telefonzentrale einst funktionierte.

Die Materie ist komplex, doch dank der brennenden Lämpchen, Schemata, Prüfstationen und geduldigen Erklärungen des Fachmanns ist auch der technisch weniger Versierte in der Lage, sich ein Bild von der vordigitalen Telefonie zu machen. Zwar sind wir – frei nach Schiller – längst «ein einzig Volk von Telefonierern», wer aber kennt schon Technologie-Etappen wie das System «Pentaconta», die uns so weit gebracht haben? In Magden kann man es sehen. Noch. Denn ausser Bürgin ist kaum jemand mehr in der Lage, die Anlage, die zum Museum für Kommunikation in Bern gehört, zu warten. Tritt Bürgin einmal endgültig in den Ruhestand, sind wohl auch die Tage der funktionsfähigen Pentaconta-Telefonzentrale gezählt.

«Früher konnte man akustisch mitverfolgen, wie das Dorf erwachte», erinnert sich Bürgin. «In den digitalen Zentralen ist, ausser dem Ventilator, nichts mehr zu hören oder zu sehen.» Vorbei auch die Zeit, wo bei einem Neuzuzug der Monteur Drähte zog und anlötete. Neue Teilnehmer werden per Software aufgeschaltet. Das Zustandekommen der Telefonrechnungen zwischen 1967 und 1992 mutet ebenfalls abenteuerlich an: Jeder Teilnehmer hatte einen mechanischen Zähler, auf dem in Zehn-Rappen-Schritten abgerechnet wurde. Die Zähler wurden regelmässig fotografiert, der Film zum Entwickeln in ein Fotogeschäft gebracht, nach Bern geschickt und elektronisch eingelesen. Das funktionierte bestens – genauso wie das Telefon.

Adresse Im Sand 4, 4312 Magden | **Anfahrt** A 3 (Ausfahrt 15 Rheinfelden-Ost), Richtung Magden, in Magden bei der Abzweigung Maisprach links abbiegen, 3. Strasse rechts (Im Sand) | **Öffnungszeiten** nach Vereinbarung, Info unter communication@mfk.ch | **Tipp** Das Mineralwasser der Magdalenaquelle: Das Calcium-Magnesium-Sulfat-Wasser sprudelt unter anderem aus den Brunnen auf dem Hirschen- und Gemeindehausplatz.

MANDACH

61 Das Rebhüsli Hintererli
Am Herzschlag der Natur

Strom, fliessendes Wasser, WLAN oder Tatort am Sonntagabend? Es lebt sich auch ohne diese Dinge wunderbar. Wer nicht darauf verzichten mag, verbringt die Nacht besser im eigenen Bett. Dasselbe gilt für diejenigen, die bei jeder Ameise gleich eine Herzattacke bekommen. Das Rebhüsli bietet nämlich Natur pur. Morgens wird man statt von quietschenden Reifen vom Gesang des Rotkehlchens geweckt. Im Brunnen tummeln sich Kaulquappen und Molche. Ziegen grasen am Hang. Und sitzt man auf der dunkelblauen Holzbank in der kleinen Laube, steigt einem der Duft der Wildkräuter aus dem Kräutergarten in die Nase. Nicht zu vergessen die Aussicht auf den Jurapark. Man fragt sich unweigerlich, warum man sich die Hektik des Alltags eigentlich antut, statt immer so zu leben.

Für mehr als eine Übernachtung ist das Häuschen auf dem Wessenberg jedoch nicht zu mieten. «Es hat keine Dusche», erklärt Maja Stürmer. «Kurzzeitig ist das kein Problem, auf längere Sicht aber …» Das ist natürlich ein Argument. Dass es nach Sonnenuntergang nur noch Kerzenlicht gibt, für Vielleser vielleicht ein zweites. Eine Nacht Erholung von der Zivilisation ist ja auch schon was.

«Erlebnisperle» nannte Aargau Tourismus den Ort, und das nicht ohne Grund. Im Übernachtungspreis inbegriffen ist zum einen wahlweise ein einstündiger Ausritt oder eine Lektion in Kräuterkunde; dazu muss man wissen, dass Stürmer als Landschaftsführerin des Juraparks Aargau, Kräuterfachfrau, Fryberger-Züchterin und Ökobäuerin von Pferd und Kraut ganz schön viel versteht. Zum andern kann man Erfahrungen im Kneippen sammeln, den Flösserweg erwandern, den Wessenberg erkunden oder in den Magerwiesen, die zu den Gebieten nationaler Bedeutung gehören, nach Orchideen Ausschau halten. Besonders Mutige nützen die Zeit vielleicht sogar, um in sich hineinzuhorchen. Erholung und Selbsterkenntnis: keine schlechte Bilanz für eine Nacht auswärts, an einem Ort, wo sich Fuchs und Hase gute Nacht sagen.

Adresse Hintererli, 5318 Mandach, Info unter www.fryberger-roesselerhof.ch oder Tel. 056/2842624 | **Anfahrt** Route 7 (Koblenz/Laufenburg), im Kreisel bei Etzgen links (Richtung Brugg/Remigen/Mettau), nach Mettau links (Richtung Mandach/Wil), der Strasse Richtung Mandach folgen, das Rebhüsli liegt in den Rebbergen nach Hottwil auf der linken Seite | **Tipp** Der Flösserweg Laufenburg-Stilli: Der Weg ist 20 Kilometer lang, kann aber in Etappen zurückgelegt werden. Info unter www.jurapark-aargau.ch.

62 Der Kneipp-Trail
Treten erwünscht

Wer mit dem Auto zum Parkplatz des Trails fährt, ist fein raus. Wer hingegen von der Station Menziken aus zu Fuss den gelben Rundwanderweg-Markierungen bis zum Waldrand folgt, könnte mehr von Säule drei der Kneipp'schen Gesundheitslehre – Bewegung – abbekommen, als ihm lieb ist. Der Hinweis «Kneipp-Trail» fehlt nämlich am reichbehängten Wegweiserpfahl. Dafür kann man, wie bei Rundwanderwegen üblich, wählen: rechtsherum oder linksherum.

Wandern Sie gern und wollen Sie vor dem Kneippen unbedingt von 625 auf 872 Meter hinaufsteigen, ziemlich jeden Weg des Stierenbergs kreuzen und einmal auf dem höchsten Gipfel gestanden haben, der ganz im Aargau liegt, dann halten Sie sich rechts. Nicht dass der Weg nicht schön wäre. Es dauert einfach rund zwei «gebirgige» Stunden, bis er Sie zum Kneipp-Trail bringt; genauer: zu dessen zweitletzter Station, der Heilkräuterwiese. Da man inzwischen beinahe wieder bei den 625 Waldrandhöhenmetern angelangt ist und die Füsse entsprechend brennen, lässt man die Kräuter Kräuter sein. Das Armbad lockt mit «Erholung in Rekordzeit». Die kann man jetzt brauchen – und bekommt sie auch. Doch aufgepasst, wer vor lauter Freude darüber, endlich kneippen zu dürfen, seine Uhr am Handgelenk vergisst, gönnt dieser auch gleich eine Kaltwasseranwendung. Im Gegensatz zu Ihnen wird sie dadurch aber nicht belebt.

Dann sind Sie dort, wo Sie nach zehn Minuten gewesen wären, hätten Sie sich links gehalten: Auf dem Parkplatz und Ausgangspunkt der verschiedenen Trails. Jetzt bloss nicht dem «falschen» Walking-Männchen folgen. Es ist das Blaue, das Sie über die 3,3 Kneipp-Kilometer führt. Acht einfache Stationen, die zum Teil nur aus einer Tafel bestehen, erwarten Sie. Mehr braucht es auch nicht, um Sie auf den Geschmack zu bringen. Höchstens noch etwas Wasserglück. Bei Trockenheit ist das Bächlein, das das Wassertretbecken speist, nämlich versiegt.

Adresse Kneipp-Trail Stierenberg, 5737 Menziken, www.menziken.ch | **Anfahrt** Route 23 (Sursee / Aarau) bis Abzweigung Rickenbach, links abbiegen (Richtung Rickenbach), der Strasse folgen (Richtung Menziken), bei der Abzweigung «Pfeffikon» links abbiegen, der 1. Strasse links bis zum Parkplatz folgen | **Tipp** Sagenhafter Stierenberg: Die 5,1 Waldkilometer sind ideal für eine Familienwanderung. Von Frühling bis Herbst geöffnet. Info unter www.rickenbach.ch.

MENZIKEN

63 Das Tabak- und Zigarrenmuseum aargauSüd

Tabakgenuss und Political Correctness von anno Tubak

«... ein klug dosierter Rauchgenuss erhöht das Lebensgefühl und damit auch die sportliche Leistungsfähigkeit. Junger Mann, rauche Stumpen und Zigarren!» Das ist keine Kälte-Deliriums-Phantasie eines heutigen Rauchers, sondern ein Überbleibsel aus einer seligen Schweizer Rauchervergangenheit. «Zu einem richtigen Schweizer Soldaten gehört ein Stumpen», wurde man(n) damals umworben. Auf den Punkt gebracht: «Sei ein Mann – Rauche Stumpen und Cigarren». Allein für diesen Einblick in die Schweizer Zigarrenwerbung des letzten Jahrhunderts ist das Tabak- und Zigarrenmuseum eine Reise wert. Wer neben den ausgestellten Plakaten und Emailschildern mehr davon sehen möchte – das älteste Plakat von ungefähr 1885 ist übrigens kein Druck, sondern reine Pinselarbeit –, dem wird gern ein Blick in die Sammelordner gewährt.

Das kleine, reichhaltige Museum hat natürlich nicht nur Werbung zu bieten. Wahre Preziosen sind die Wickelpapiere für Stumpenbündeli, die Kopfzigarren-Etiketten oder die Bauchbinden. Tabakpflanze und Tabakgeschichte haben ebenso ihren Platz wie die verschiedenen Stufen der Zigarrenproduktion. Liebhaber mechanischer Maschinen können sich in Konstruktionen vertiefen wie die Komplettmaschine zur Zigarrenherstellung oder eine der ersten Tabakmisch- und Tabakentstaubungsanlagen. Vor allem aber gewährt das Museum via Fotografien, Fabrikordnungen und anderes mehr einen Einblick in den Arbeitsalltag der einst blühenden Tabakindustrie im Wynen- und Seetal. Dass damals auch politisiert wurde, zeigt der Aufruf «An unsere Arbeiterschaft!» vom 23. Februar 1929, der vor Kampfmassnahmen gegen einzelne Firmen warnt. Der Bub auf einem der Plakate, der eben Vaters Zigarren stibitzt, ist übrigens der spätere Bundesrat Kaspar Villiger. Vom Schlitzohr zum Finanzminister, eine Tellerwäscherkarriere der helvetischen Art.

Adresse Gütschstrasse 6, 5737 Menziken, www.tabakmuseum.ch | **Anfahrt** Route 23 (Aarau / Sursee), in Beromünster links (Richtung Aarau / Reinach), der Strasse bis Menziken folgen, nach der Gemeindeverwaltung links (Zwingstrasse), 1. Strasse leicht rechts (Grünaustrasse), 1. Strasse links (Gütschstrasse) | **Öffnungszeiten** jeden ersten So im Monat von 10–12 Uhr. Juli–Aug. geschlossen, Führungen unter info@tabakmuseum.ch | **Tipp** Der Aussichtsturm auf dem Homberg: Vom «Aargauer Rigi» aus hat man einen ausgezeichneten Rundblick.

64 Die Steinkrebs-Aufzuchtstation
Alle meine Krebslein

Innerhalb weniger Jahre brachte der Mensch fertig, was weder Eiszeiten noch Meteoriteneinschläge vermochten: die drei einheimischen Flusskrebsarten nahezu auszurotten. Um die Stein-, Dohlen- und Edelkrebse vor dem endgültigen Verschwinden zu bewahren, erarbeitete das Bundesamt für Umwelt den «Nationalen Aktionsplan Flusskrebse». Auf kantonaler Ebene initiierte die Sektion Jagd und Fischerei in der Folge unter anderem ein Steinkrebsschutzprojekt. Ziel des Projekts ist es, verschwundene Steinkrebsvorkommen wieder aufzubauen und schwache Bestände zu stärken. Die Krux dabei: In der freien Wildbahn gibt es dafür nicht genug Tiere.

Abhilfe schaffen soll die Aufzuchtstation im alten Mühleweiher in Mettau, ein eigentliches Pionierprojekt, denn bei Lebewesen funktioniert der Grundsatz «Hat man keins, so macht man sich eins» nicht so einfach. Beim Steinkrebs mit seinem komplizierten Fortpflanzungszyklus ist die Zucht besonders anspruchsvoll. Dennoch konnten im November 2013 die ersten Jungtiere im Sulztaler Krebsbächli ausgesetzt werden. Noch erfolgreicher war die Besatzaktion Ende 2014. Die befruchteten Eier haben den Winter unter dem eingeschlagenen Hinterleib der 15 Weibchen in den Aufzuchtboxen unverfilzt überstanden. Sind die Krebschen geschlüpft, werden die Mütter umgesiedelt; ihre Mutterliebe ist nur für kurze Zeit stärker als ihr Jagdinstinkt. In der Natur wären die Kleinen ab dann auf sich allein gestellt; in der Aufzuchtstation haben sie in Urs Leber vom lokalen Fischerei-, Natur- und Vogelschutzverein einen fürsorglichen Ersatzpapi. Leber füttert sie, überwacht Temperatur, Sauerstoffgehalt und pH-Wert des Wassers und hält Fressfeinde fern. Er hat auch den Naturschutzparcours für das Privatgrundstück erarbeitet, auf dem sich der Mühleweiher befindet. Sich vom Experten Natur und Krebsaufzucht zeigen zu lassen – eine spannende Sache.

Adresse 5274 Mettau | **Anfahrt** Route 7 (Koblenz/Laufenburg), im Kreisel bei Etzgen links Richtung Brugg, Mettau, der Straße bis Mettau folgen | **Öffnungszeiten** Die Aufzuchtanlage befindet sich auf einem Privatgrundstück und ist nur geführt zugänglich, Info unter urs.leber@bluewin.ch | **Tipp** Die Garteneisenbahn in Sulz: Bei schönem Wetter herrscht an der Hauptstrasse 62 immer mal wieder emsiger Fahrbetrieb auf der RhB LGB Anlage. Info unter www.gartenbahn.hauser-messebau.ch.

65 Die Holzköhlerei
Neue Heimat für ein altes Brauchtum

«Habemus papam!», jubeln die Katholiken auf dem Petersplatz, wenn weisser Rauch aus dem Schornstein der Sixtinischen Kapelle quillt. «Habeo carbonem!», denkt die Köhlerin, wenn der Rauch, der zunächst dicht und weiss, dann beinahe durchsichtig hell aus den Luftlöchern auf der Meilerkuppe aufgestiegen ist, sich bläulich verfärbt. Rasch schliesst sie die Löcher und sticht weiter unten neue in den Meiler.

Die Holzköhlerei ist ein altes, kaum mehr betriebenes Handwerk. Dass sich gerade die Gemeinde Mettauertal für seinen Erhalt einsetzt, hat gewiss auch historische Gründe. Flurnamen wie Cholloch, Cholplatz oder Kohlersloch legen nahe, dass die Köhlerei einst hier heimisch war; dies nicht von ungefähr, wurde doch im nahen Fricktal Eisenerz gewonnen.

Ein entzündeter Meiler ist wie ein kleines Kind. Tag und Nacht muss man für ihn da sein. Es gilt, bestehende Rauchlöcher zu stopfen, neue zu stechen, den luftdichten «Löschi-Mantel» aus Kohlegriess und Erde zu befeuchten, Risse darin abzudichten und der Entstehung von Hohlräumen im Innern entgegenzuwirken. Ein Meiler, der sich «schüttelt», weil die in solchen Hohlräumen gefangenen Gase explodieren, ist definitiv nicht im Sinn des Köhlers; die Löschi könnte sich öffnen und zu viel Sauerstoff in den Meiler eindringen. Das kunstvoll aufgeschichtete Holz darf aber keinesfalls brennen, sondern lediglich verschwelen. Durchschlafen kann ein Köhler daher nicht. Vielmehr muss er nachts alle zwei Stunden aufstehen und zum Rechten sehen.

Wer anlässlich des vierten Köhlerfestes oberhalb des Ortsteils Wil vor dem imposanten halbkugelförmigen Meiler steht, versteht, warum es Förster André Schraner ein Anliegen ist, dass das Wissen im Zusammenhang mit dem Köhlerhandwerk weitergeben wird. Die jüngere Generation soll, so sein Wunsch, die Gelegenheit haben, die Köhlerei auch künftig in der Gemeinde Mettauertal live zu erleben.

Adresse Holzköhlerei Mettauertal, c/o André Schraner, Kapellenstrasse 148, 5276 Wil, Tel. 079/4450992, www.holzkoehlerei-mettauertal.ch | **Anfahrt** Route 7 (Koblenz/Laufenburg), im Kreisel bei Etzgen links (Richtung Brugg/Mettau), der Strasse bis Mettau folgen. Zum Zeitpunkt der Drucklegung war das Projekt noch nicht freigegeben, darum kann zum genauen Standort nichts gesagt werden. | **Tipp** Die Nagelschmiede in Sulz: Auf Anfrage werden auch heute noch Schuhnägel geschmiedet. Info unter www.kulturwerk-stadt.ch.

MÜHLAU

66 Die Oldie-Scheune
Zurück in die Vergangenheit

Im Sommer 2011 fragte die Aargauer Zeitung ihre Leser nach den schönsten und ungewöhnlichsten Aargauer Museen. Auch Zeitungsleser können irren, doch nicht in diesem Fall. Die Oldie-Scheune zählt wirklich zu den ungewöhnlichsten Museen im Kanton; und zu den lehrreichsten. Die Fülle des Ausgestellten ist immens, die thematische Vielfalt überraschend und das Hintergrundwissen von Vater und Sohn Hadorn schier unerschöpflich. Der wichtigste Grundsatz vor einem Besuch in Mühlau lautet daher: Genug Zeit einplanen.

Was vor 30 Jahren mit einem verrosteten Bührer-Traktor begann, ist zu einer Schatzkammer der besonderen Art herangewachsen. Sie enthält zum einen restaurierte Oldtimertraktoren, -motorräder, -autos und -landmaschinen; wer sich für diesen Bereich interessiert, sollte unbedingt die Restaurationsberichte im Internet lesen. Zum anderen birgt sie komplett eingerichtete Werkstätten, die einen Einblick gewähren in die Arbeit der unterschiedlichsten Handwerker: Schmied, Zimmermann, Schreiner, Küfer, Wagner, Schuhmacher, Stromer, Schneider, Störmetzger, Schriftenmaler, Brenner und weitere mehr. Das Besondere dabei: Nicht nur, dass alles funktionstüchtig ist, sondern Hans Hadorn weiss auch über die Funktionsweise und den Verwendungszweck der einzelnen Werkzeuge und Apparaturen genau Bescheid. Dieses Wissen kommt nicht von ungefähr. Es ist ein eiserner Grundsatz im Hause Hadorn, sich über jedes Handwerk, das ins Privatmuseum Eingang findet, zu informieren und sich, wenn immer möglich, ein Fachbuch aus der entsprechenden Zeit zu beschaffen.

Zwei Sätze dürften in der Oldie-Scheune besonders oft fallen: «Was ist denn das?» und «Genau wie bei meinen Grosseltern.» Ein Museum, das Erinnerungen weckt und einen Dinge entdecken lässt wie die Träschstöcklimaschine, den Konservenbüchsenverschliesser, den Schneiderofen oder den Flaschenverdrahter.

Adresse Schorenstrasse 40, 5642 Mühlau, www.oldie-scheune.ch | **Anfahrt** Route 25 (Lenzburg/Sins) bis Muri, im Kreisel 3. Ausfahrt (Richtung Mehrenschwand/Mühlau), durch Mehrenschwand hindurchfahren und nach dem Weiler «im Feld» links abbiegen (Schorenstrasse), beim nächsten Quersträsschen rechts und sofort links (Schorenstrasse) | **Öffnungszeiten** März–Okt. jeweils am 1. So im Monat 10–16 Uhr, im Winter auf Anfrage, oldie-scheune@bluewin.ch | **Tipp** Auf den Spuren der Hugenotten: Sechs Stationen und zwei kleine Ausstellungen berichten über Geschichte und Schicksale der Hugenotten im Aargau. Info unter www.museumburghalde.ch.

67 Die Aarebrücke
Schwingendes Fachwerk

Gibt es sie nun oder gibt es sie nicht, die «geplante Obsoleszenz»? Neu ist die Idee von Produkten mit einer absichtlich limitierten Lebenszeit jedenfalls nicht. Der Amerikaner Bernard London sah darin bereits 1932 ein probates Mittel, um die darniederliegende Wirtschaft anzukurbeln.

Dass es auch ohne künstlich eingebaute Schwachstelle geht, zeigt die Glühbirne in der Feuerwache von Livermore bei San Francisco; sie brennt und brennt und brennt – und das seit 1901. Oder die Holzbrücke am Eingang von Murgenthal. Mit ihren 93 Metern Länge kommt sie zwar nicht an die 203,7 Meter der längsten gedeckten Holzbrücke Europas zwischen Bad Säckingen und Stein heran, aber sie bezeugt eindrücklich, was es heisst, qualitativ hochstehend und auch noch ästhetisch zu sein.

Die Brücke liegt am Schnittpunkt der drei Kantone Solothurn, Bern, Aargau, war massgeblich am wirtschaftlichen Aufschwung der Region beteiligt und ist nach wie vor von Belang. Im Gegensatz zur Brücke in Stein, die seit 1979 den Fussgängern und Velofahrern vorbehalten ist, donnern in Murgenthal täglich rund 9.000 Fahrzeuge von einem Ufer zum andern. Wer auf dem 1937 aareabwärts angehängten Fussgängersteg steht und die Schwingungen spürt, die von den Fahrzeugen ausgelöst werden, bekommt eine Ahnung davon, was diese Belastung für die Brücke bedeutet. Das hält nur aus, was von herausragender Qualität ist. Daran ändert auch die Tatsache nichts, dass die Aarebrücke seit ihrer Eröffnung 1863 verschiedene Eingriffe über sich ergehen lassen musste; zuletzt 2013, als unter anderem die Knotenpunkte der Howe'schen Fachwerkkonstruktion verstärkt wurden. Gut haben die Behörden sich 2014 durchgerungen, dem Bauwerk nicht mehr so viel Gewicht wie bis anhin zuzumuten. Maximal 3,5 Tonnen darf wiegen, was über die Brücke rollt. Für den bäuerlichen Zuckerrübentransport heisst das: Murgenthal adieu, Oensingen wir kommen.

Adresse Brückenstrasse, 4853 Murgenthal | **Anfahrt** Route 1 (Lenzburg/Bern), in Murgenthal bei den Schildern «Oensingen/Fulenbach» rechts abbiegen (Brückenstrasse) | **Tipp** Das Wasserrad beim Werkhof der Burgergemeinde Roggwil: Von Murgenthal führt ein Spazierweg via alte Bernstrasse-Walliswilerweg in circa einer Stunde zum Wasserrad. 250 Meter weiter hat es eine Feuerstelle mit Bänken und Brunnen.

68 — Die Habsburger Grablegen
Herz an Herz

Schräg fallen die Sonnenstrahlen in die Klosterkirche. Das entstehende Licht- und Schattenspiel lässt den sakralen Raum noch mystischer wirken, als er es in der Stille des Nachmittags ohnehin tut. Die Kirche ist menschenleer. Bis auf das Hallen der eigenen Schritte ist kein Laut zu hören. Als das Sonnenlicht die Steinplatten vor dem Kommuniongitter streift, leuchten sie auf. Wüsste man nicht, dass sich hier die ältesten Grabstätten der Habsburger befinden, man hätte die sechs Winkel in den Bodenplatten selbst jetzt noch übersehen, so dezent sind sie angebracht. Die mittleren beiden markieren das Grab der Klosterstifterin Ita von Lothringen, die beiden rechten jenes ihres Gatten Radbot von Habsburg; links von Itas Ruhestätte befindet sich ein Sammelgrab.

So schlicht die alten Grabstätten sind, so üppig ist das Habsburgerdenkmal linker Hand. Seine Pracht und die Tafel mit den Namen der frühen Habsburger verleiten einen dazu, die Gebeine darin zu vermuten. Doch es ist lediglich ein Kenotaph, ein Scheingrab, das an die Verstorbenen erinnert; sterbliche Überreste enthält es keine.

Seit 1654 wurden die Herzen der habsburgischen Könige und Kaiser in Wien beigesetzt. Dem letzten österreichischen Kaiser Karl I. blieb dies aus politischen Gründen verwehrt. Als er 1922 in der Verbannung auf Madeira starb, nahm seine Frau Zita sein Herz an sich; wahrscheinlich hoffte sie, es irgendwann doch noch nach Wien überführen zu können. Beinahe 50 Jahre lang trug sie es durch die Welt. Erst 1971 kam es zur Ruhe, direkt neben der Klosterkirche Muri, in einer Stele hinter dem Altar der Loretokapelle. Die Kirchgemeinde hatte den Habsburgern die Kapelle als Familiengruft zur Verfügung gestellt. Zitas Herz hätte nach ihrem Tod wieder in Wien bestattet werden können. Sie aber verfügte, dass nur ihr Körper dort beigesetzt werden sollte. Ihr Herz blieb bei jenem von Karl.

Adresse Klosterkirche Muri, Seetalstrasse 6, 5630 Muri | **Anfahrt** Route 25 (Lenzburg/Zug), bis Muri, im Kreisel 1. Ausfahrt (Seetalstrasse) | **Öffnungszeiten** April–Okt. 8–19.30 Uhr, Nov.–März 8–18 Uhr, Informationen zu den verschiedenen Führungen durch die Klosteranlage unter www.klosterkirche-muri.ch | **Tipp** Das Strohmuseum in Wohlen: Die Sammlung an der Bünzstrasse 5 steht im Zeichen der Freiämter Hutgeflechtindustrie. Geöffnet Mi–Sa 14–17 Uhr, So 12–17 Uhr.

69 __ Der Skatepark
Hindernisse, die das Sportlerherz erfreuen

«Trage Helm, Knie- und Ellenbogenschutz, besser noch mit zusätzlichem Handgelenkschutz, wenn du die Anlage benützen willst», schreibt der Verein «Muska» (Muri Skate Area) auf seiner Facebook-Seite. Das ist wohl die einzige Benutzerregel, die auf dem Platz NICHT eingehalten wird. Schutzkleidung gilt als uncool, jedenfalls sieht man keine an den Jugendlichen, die an diesem Sonntagnachmittag mit ihren Skateboards, Inlineskates und BMX-Rädern über die Hindernisse sliden, grinden, flippen und was auch immer. «Letztes Jahr schlug ich mir einen Zahn aus, aber das gehört zum Skaten dazu; da gibt's nur aufstehen und weitermachen», antwortet einer, nach Verletzungen gefragt. Zugegeben, vor einem ausgeschlagenen Zahn bewahrt auch ein Ellenbogenschutz nicht. Auch sehen die Ellenbogen der Jungs – Mädchen sind keine zu sehen – erstaunlich unvernarbt aus. Und wenn man beobachtet, wie sie sich nach einem Sturz, ohne eine Miene zu verziehen, wieder aufrappeln, um denselben Trick erneut zu versuchen, würde man sich gern eine Scheibe Toughheit abschneiden.

Im Mai 2013 wurde der kleine, aber feine Park eröffnet. Man wollte bewusst keine Riesenanlage mit überregionaler Ausstrahlung. Die Qualität hingegen musste stimmen. Das Echo der Anwesenden fällt dementsprechend aus: Es sei einer der besten Parks, auf denen man je geskatet sei, mit echt speziellen Obstacles. Entgegen den anfänglichen Befürchtungen einiger Murianer gammelt man im Skatepark nicht herum, sondern betreibt Sport. Von wegen, die Kids von heute würden nur herumhängen, saufen, kiffen und pöbeln. Der Umgangston zwischen den Anwesenden ist kameradschaftlich. Und was das leidige Thema Littering angeht: Das Gelände ist blitzsauber. Das Platzwischen übernehmen die Skater, das Abfalleimerleeren können sie dem Abwart der Schul- und Sportanlage überlassen. Von dieser Jugend von heute könnte mancher Erwachsene noch etwas lernen.

Adresse Sportzentrum Bachmatten, Talstrasse, 5630 Muri, www.facebook.com/muriskatearea | **Anfahrt** Route 25 (Lenzburg/Zug) bis Muri, im Kreisel 3. Ausfahrt (Zürcherstrasse), an der Kreuzung links (Talstrasse), beim Bachmatten-Schulhaus parkieren und zu Fuss zum Skatepark gehen | **Öffnungszeiten** Mo–Sa 8–22 Uhr, So 9–21 Uhr | **Tipp** Die Kartbahn Wohlen: Der Outdoor-Rundkurs ist von März bis Mitte Nov. geöffnet. Info unter www.kartbahnwohlen.ch.

70 Der Fischpass
Immer der Strömung nach

Was früher der Ochse am Berg, ist heute der Fisch vor dem Stauwehr: ein treffendes Bild für jemanden, der durch ein Hindernis ausgebremst wird. Fische, das weiss man inzwischen, wandern entlang des Flusslaufs; je nach Art und den herrschenden Umständen unterschiedlich weit und aus unterschiedlichen Gründen. Sind die Tiere in ihrer Wanderungsmöglichkeit behindert oder eingeschränkt, kann dies das Überleben der Population oder sogar der ganzen Art gefährden. Nicht zuletzt deshalb gehört das Recht auf freie Wanderung seit einigen Jahren zu den gesetzlich verankerten Grundrechten eines jeden Fisches in der Schweiz. Als Folge davon müssen etwa Wasserkraftwerksbetreiber dafür sorgen, dass ihre Anlagen für Fische und andere Wassertiere durchlässig werden.

«Organismenaufstieg» heisst das Zauberwort in diesem Zusammenhang, oder weniger geschwurbelt ausgedrückt: «Fischpass». Der Fischpass auf der Neuendorfer Seite des Kraftwerks Wettingen ist seit September 2007 in Betrieb. Sein Bau dauerte ein Jahr und kostete 2,5 Millionen Franken. Diese Zahlen lassen erahnen, wie komplex die Sache ist. Allerdings brauchen die Fische nicht überall eine 577 Meter lange Anlage – übrigens die grösste in ganz Europa, wie es heisst –, weil sie 18,34 Höhenmeter überwinden müssen.

Der Aufstieg führt in Neuenhof über 128 Stufen und durch drei unterschiedlich ausgestaltete Abschnitte. Doch auch der ausgeklügeltste Fischpass nützt nichts, wenn die Fische ihn nicht finden oder wenn die Turbulenzen unterwegs zu stark oder zu schwach sind. Da sich aufsteigende Fische nach der Strömung orientieren, muss diese so anlegt sein, dass sie die Tiere zum Einstieg und durch die ganze Anlage leitet.

Die durchgeführten Zählungen haben gezeigt, dass die Fische es schaffen, die 577 Meter zu durchschwimmen. Damit steht ihnen zwar nicht die ganze Welt, aber immerhin der Weg von Basel bis in den Zürichsee offen.

Adresse Kraftwerk Wettingen, Seite Neuenhof, 5432 Neuenhof | **Anfahrt** A1 (Ausfahrt 55 Neuenhof/Baden), Richtung Wettingen, beim Lichtsignal dem Wegweiser «Kloster Wettingen» folgen, vor der Klosteranlage rechts (Kanzlerrainstrasse), am Ende der Strasse zu Fuss über die alte Holzbrücke zum Fischpass | **Tipp** Die Gwagglibrugg: Einige Minuten limmatabwärts führt eine der ältesten, heute noch erhaltenen, Drahtseilbrücken der Schweiz zurück auf die Klosterhalbinsel.

NEUENHOF

71   Das Restaurant Rüsler
Darf's ein Giraffenhals sein oder lieber ein Spatz?

«Ich bin auch ein Naherholungsgebiet, eine Passhöhe, eine Wasserscheide, eine Alp, ein Gelenkbus, eine Radio- und Fernsehsignal-Empfangsstation und ein Weiler», könnte der Rüsler in der Sprache des Zürcher Verkehrsverbunds von sich sagen. So trennt die Hügelkette des Heitersbergs, zu welcher der 634 Meter hohe Rüsler gehört, das Reusstal vom Limmattal; auf der Lichtung knapp unterhalb der Kuppe sommern Rinder; der Gelenkbus 164 der Verkehrsbetriebe Baden-Wettingen hört seit dem Jahr 2010 auf den Namen «Rüsler»; und es existiert noch immer eine Kopfstation der upc cablecom mit etlichen Satellitenspiegeln auf dem Berg.

Im Weiler Rüsler liegt aber auch das Ausflugsrestaurant Rüsler – grosse Gartenwirtschaft, Spielplatz und Sicht über das Furt- und Limmattal inklusive. Wer Lust verspürt auf eine gutbürgerliche Schweizerküche, findet hier, was er sucht. Genug Hunger ist von Vorteil, denn die Portionen sind alles andere als knapp bemessen. Schon das normale Cordon bleu ist stattlich, das grosse ist gross und das riesige mit seinen mindestens 600 Gramm ist wirklich riesig. Schlicht enorm ist der Giraffenhals, ein Giga-Cordon-bleu vom Schwein, das von Pommes frites eingerahmt wird. Ab zwei Personen ist die schweinische Giraffe erhältlich; einfach zwei Tage im Voraus sagen. Ideal ist das Gericht natürlich für Gruppen. Wird das bis zu zwei Meter lange Cordon bleu aufgetragen, sind die Ohs und Ahs der Gäste garantiert. Der Ofen, in dem das überlange Cordon bleu gegart wird, ist eine Eigenkreation von Fredi Riesen. Es leuchtet ein, dass ein handelsüblicher Herd nicht die Dimensionen besitzt, um darauf Giraffenhälse zubereiten zu können.

Wessen Herz eher für Leberli mit Rösti schlägt oder für Metzgete, Fondue oder einen herzhaften Wurstsalat, kommt ebenfalls auf seine Rechnung. Sogar der Spatz – ein Eintopf aus klarer Bouilloin, Siedfleisch, Kartoffeln und Gemüse –, stilgerecht in der Gamelle serviert, fehlt nicht. Typisch schweizerisch eben.

Adresse Rüslerstrasse 37, 5432 Neuenhof, www.ruesler.ch | **Anfahrt** Route 3 (Baden/ Zürich) bis Neuenhof, bis zum 3. Kreisel auf der Zürcherstrasse bleiben, im 3. Kreisel die 1. Ausfahrt (Dorfstrasse) nehmen, dem Wegweiser «Rüsler» folgen | **Öffnungszeiten** Mo–Di geschlossen (ausser für Gruppen-Reservationen ab 20 Personen), Mi–Sa 10–23 Uhr, So 10–22 Uhr | **Tipp** Der Egelsee: Der Natur- und Badesee an der Ostflanke des Heitersbergs ist nur zu Fuss erreichbar.

72 — Die Kantonsmitte
Am Nabel des Aargaus

Die Benennung von Strassen ist eine Wissenschaft für sich. Warum der Kantonsmittiweg heisst, wie er heisst, durchschaut man jedoch bald. Geht man ihn entlang, steht man nach wenigen Minuten genau dort, wo der Name sagt: in der Mitte des Kantons. Übersehen kann man den Ort kaum, denn er ist mit einem entsprechend bemeisselten Granitblock, elf Sitzbänken und zwei Feuerstellen markiert. Aber da Vorsicht bekanntlich besser ist als Nachsicht, zeigt 50 Meter davon entfernt noch ein gelber Wanderweg-Wegweiser in seine Richtung.

1977 feierte die Kulturstiftung Pro Argovia ihren 25. Geburtstag. Ein idealer Anlass, um dem Aargau zu helfen, seine Mitte zu finden. Die notwendige Rechenarbeit übernahmen Studenten der Höheren Technischen Lehranstalt Windisch, heute Teil der Hochschule für Technik der Fachhochschule Nordwest-Schweiz. Genau genommen war es der Computer, der rechnete und als Ergebnis die Mittelpunktskoordinaten 654 217 / 251 240 ausspuckte.

1978 folgte bereits die nächste Geburtstagsfeier: 175 Jahre Kanton Aargau. «Wenn nicht jetzt, wann dann?», sagte sich die Ortsbürgergemeinde Niederlenz damals wohl und schenkte dem Kanton einen proper gestalteten Mittelpunkt. Seither ziert ein Granitblock aus der Region Göschenen die Stelle. Den Transport vom Aarmassiv ins Kieswerk Niederlenz, wo der Stein gefunden wurde, übernahm der Reussgletscher. Die elf Sitzbänke um den Findling herum repräsentieren die Bezirke. Dankenswerterweise sind nicht nur deren Namen in den Jurakalk gemeisselt, sondern auch die Richtung, in der der jeweilige Hauptort liegt.

Wer sein Picknick unter Luxusbedingungen abhalten möchte oder vom Regen überrascht wird, findet Cheminée, Tische, Brunnen und ein Dach bei der nahen Waldhütte Niederlenz. Die drei Baumriesen Buche, Weiss- und Rottanne, die man auf dem Weg zur Hütte passiert, gelten übrigens als Kraftort.

Adresse Waldgebiet Länzert, 5702 Niederlenz | **Anfahrt** A1 (Ausfahrt 51 Lenzburg), Richtung Bern/Lenzburg, 3. rechts (Richtung Brugg/Möriken-Wildeg) bis Niederlenz, vor dem Dorfplatz links (Dorfrain), 5. Strasse rechts (Herrengasse), vom Parkplatz am Waldrand zu Fuss dem Wegweiser folgen | **Tipp** Der barocke Nutz- und Lustgarten auf Schloss Wildegg: Von April–Okt. Di–So 10–17 Uhr geöffnet. Besonders beliebt: der ProSpecieRara-Setzlingsmarkt Anfang Mai.

OBERENTFELDEN

73__Der Angels Share Shop
Ein Duft von Single Malt liegt in der Luft

«Dasch kei Witz», beteuert Peter Hofmann. Der ungläubige Blick ist ihm nicht entgangen. Ein klein wenig nach Aprilscherz klingt es ja schon: Der Facharzt für Herz- und thorakale Gefässchirurgie der nahe gelegenen Klinik schickt seine Patienten in den Whiskyshop, damit sie das gefässöffnende Nitropräparat jeden dritten Tag durch ein Schlückchen Whisky ersetzen. Genuss auf Verordnung sozusagen.

Andrerseits: Warum sollte ein Getränk, das «Lebenswasser» heisst, nicht tatsächlich eine therapeutische Wirkung haben? Eines gilt es jedoch zu bedenken, bevor man zur Whisky-Medikation greift: Auch der edelste Tropfen ist nach wie vor ein Schnaps. Masshalten ist angesagt. Das wusste schon Paracelsus. «Alle Dinge sind Gift, und nichts ist ohne Gift; allein die Dosis machts, dass ein Ding kein Gift sei», schrieb er 1538. Zwar dachte er dabei kaum an Whisky, aber es trifft auch darauf zu.

«Whisky ist mehr als nur ein Schnaps. Er hat Kultur und Geschichte. Und eine ungeheure Geschmacksvielfalt.» Der dies sagt, muss es wissen. Seit Jahren beschäftigt sich Hofmann mit dem flüssigen Gold, reiste eineinhalb Jahre lang für seine 3,4 Kilogramm schwere Whisky-Enzyklopädie von Destillerie zu Destillerie und lässt in seinem Shop die Herzen der Whisky-Liebhaber höherschlagen. Wer etwas Besonderes sucht, hat reelle Chancen, es bei Hofmann zu finden. Noch. Denn gute Whiskys zu einem vernünftigen Preis werden immer rarer. Das Genussmittel ist einfach zu begehrt. Vor diesem Hintergrund dürfte es so manchen Whiskyaner erst recht schmerzen, wenn er hört, dass allein in Schottland jährlich der Inhalt von 500.000 Fässern, also 125 Millionen Liter, verdunstet. «Angels' share» nennt man diesen Himmelsdunst, Anteil der Engel. Die schottischen Himmelsboten müssen eine gut gelaunte Schar sein. Da lebt die aargauische Abordnung deutlich nüchterner. Der Oberentfeldener Engelsanteil sei ihr gegönnt.

Adresse Unterdorfstrasse 15, 5036 Oberentfelden, www.angelsshare.ch, Tel. 062/7248374 | **Anfahrt** A1 (Ausfahrt 49 Aarau-West), Richtung Aarau, im Kreisel mit der Weltkugel 3. Ausfahrt (Richtung Bern/Zürich), im nächsten Kreisel 1. Ausfahrt, 1. Strasse links (Mönchmattweg), 2. Strasse rechts (Nordstrasse), der Strasse um die Linkskurve bis ans Ende folgen | **Öffnungszeiten** Do–Fr 13.30–18.30 Uhr, Sa 10–15 Uhr | **Tipp** Der buddhistische Tempel in Gretzenbach: Das Areal kann jeweils von 13.30–18.30 Uhr besichtigt werden. Info unter www.wat-srinagarin.com.

OLSBERG

74_Der geteilte Ort
Die Olsberger Arisdörfer

Der Violenbach ist durch und durch ein Grenzgewässer. Eigentlich müsste er eher Bächlein heissen als Bach, vielerorts ist er nämlich so schmal, dass man problemlos von einem Ufer ans andere springen kann. Gleichwohl trennt sein, von der Quelle bis zur Mündung, 7,1 Kilometer langes Band Kantone und Gemeinden. Nun kommt es immer wieder vor, dass Flüsse und Bäche Orte oder gar Länder entzweischneiden. Insofern ist Olsberg mit seinem Aargauer «Dörfli» und dem Baselbieter «Ländli» kein Einzelfall. Und doch ist die Situation im Dorf speziell.

Einst war Olsberg EIN Dorf und gehörte zum Zisterzienserinnenkloster «Hortus Dei». Der grössere Teil rechts des Violenbachs fiel im 14. Jahrhundert an Österreich und wurde 1803 aargauisch. Die Handvoll Häuser links des Baches ging 1461 an die Stadt Basel. Offenbar lebte das Dörflein Basel-Olsberg recht vergnügt. Zu vergnügt. Um zu verhindern, dass die Bewohner das Gemeindevermögen restlos verschleuderten, wurde Basel-Olsberg quasi entmündigt und 1860 der Gemeinde Arisdorf zugeschlagen. Seither gehört das «Ländli» rechtlich-politisch zu Arisdorf: «Ländli»-Bewohner bezahlen in Arisdorf ihre Steuern, stimmen in Arisdorf ab und auf dem Nummernschild ihres Autos steht BL.

Optisch-geografisch aber ist Olsberg nach wie vor EIN Dorf. Auch postalisch. Die Postanschrift im «Ländli» lautet nicht etwa 4422 Arisdorf, sondern wie im «Dörfli» 4305 Olsberg. Das führt im Kontakt mit Ämtern schon mal zu absurden Situationen. «Für einen Pass sind Sie hier ganz falsch. Für Olsberg ist der Aargau zuständig», kann man etwa auf dem Passbüro Basel-Landschaft zu hören bekommen. Versucht man dann zu erklären, dass Olsberg zwar durchaus zum Aargau gehört, aber nicht der Teil, in dem man wohnt, lautet die Antwort schon mal: «Ich hab aber in Wikipedia nachgeschaut.» Für manches braucht man als Olsberger Arisdörfer einfach eine Extraportion Nerven.

Adresse Im Ländli, 4305 Olsberg | **Anfahrt** A 2 (Ausfahrt 10 Arisdorf), Richtung Arisdorf, in Arisdorf rechts abbiegen (Richtung Olsberg), der Strasse bis zum Ortsschild folgen | **Tipp** Das Stift Olsberg: Die denkmalgeschützte Anlage ist heute ein Schulheim. Ein Teil der Konzerte des, jährlich im Juni durchgeführten, SOLsbergfestivals findet in der Klosterkirche statt.

OTHMARSINGEN

75 Der Berner Stundenstein
Als eine Stunde noch 5,279 Kilometer dauerte

Unentwegt fahren Autos und Lastwagen vorbei. Plötzlich rauscht und rattert es: Der ICE von Zürich Richtung Aarau rast über eine der beiden Eisenbahnbrücken, die die Hauptstrasse überspannen. Eigentlich fehlt nur noch ein Militärkonvoi aus dem nahe gelegenen Armee-Motorfahrzeugpark, und die Verkehrsidylle wäre komplett. Zugegeben, es gibt romantischere Orte im Aargau, um sich aufs Trottoir zu setzen und zu fotografieren. Allerdings findet sich dort kein Berner Stundenstein aus dem 18. Jahrhundert. Im ganzen Kanton sind nur noch deren zwei erhalten geblieben: einer hier vor Othmarsingen unterhalb der Militärbetriebe und einer in Schafisheim an der alten Bernstrasse.

Spektakulär sieht die graue Wegmarke nicht wirklich aus. Mit ihrer verwitterten Inschrift hat sie etwas von einem Grabstein. In einem gewissen Sinn ist sie das auch. Zwar erinnert sie nicht an einen Menschen, aber an eine Zeit, wo man die Distanzen noch in Schuh und Stunden angab und wo der Staat Bern sich – zumindest was den Strassenbau anbelangte – an zwei geschichtsträchtigen Vorbildern orientierte: Von den Franzosen übernahm er die zentralistische Strassenanlage, von den Römern die Setzung von Meilen- oder eben Stundensteinen entlang der Hauptachsen.

«XVI STUND VON BERN» meisselte der Steinmetz in den Muschelsandstein, mit spiegelverkehrten «N» und einem «V», das wie ein «U» aussieht. «Stund» meinte dabei keine Zeitdauer, sondern eine Wegstrecke von 18.000 Schuh respektive 5,279 Kilometern. Und «von Bern» stand für «vom Berner Zytgloggeturm». Der Zytglogge, für einen Teil der Aargauer der Nabel der Welt, das waren noch Zeiten.

Ursprünglich stand der Othmarsinger Stein von Bern aus gesehen auf der rechten Strassenseite, jedenfalls hat dies Pierre Bel in seiner Strassenkarte von 1787 so vermerkt. Heute befindet er sich links. Soviel zum Thema, nur Menschen können die Seite wechseln.

Adresse Lenzburgerstrasse, Bushaltestelle «Othmarsingen Militärbetriebe», 5504 Othmarsingen | **Anfahrt** A1 (Ausfahrt 51 Lenzburg), Richtung Lenzburg/ Wohlen, links abbiegen (Richtung Othmarsingen), der Strasse bis Bushaltestelle «Othmarsingen, Militärbetriebe» folgen, parkieren und einige Meter zu Fuss Richtung Othmarsingen gehen | **Tipp** Das Saga Khan in Mägenwil: Beliebt ist das mongolische Buffet à discrétion mit Fleisch, Fisch und Gemüse von der heissen Platte. Info unter www.sagakhan.ch.

76 Das Recycling-Paradies
Was Hänschen nicht lernt

Geräumig und hell ist es hier. Fast wie im Paradies – bestünde dieses aus einer laubfroschgrünen Stahlblechhalle mit einem ebensolchen Bürocontainer und bauchhohen Entsorgungsboxen. Jede ist fein säuberlich mit grossen Plakaten versehen. Da gibt es kein Rätselraten, was wohin gehört. «Es soll eine Gattung machen», sagt Karin Bertschi. Und das tut es auch, einladend, wie alles ist. Sogar eine Bücherecke ist vorhanden, bestückt mit Möbeln und Büchern, für die die ursprünglichen Besitzer keine Verwendung mehr hatten. Das Entführen des Lesestoffs ist übrigens ausdrücklich erlaubt.

Bertschi hat mit ihrem Recycling-Paradies der Abfallentsorgung ein neues Image verpasst: Kür statt Pflicht, Lifestyle statt Gummistiefelpflotsch, kindertauglich statt verbotene Zone. In einem abgetrennten Hallenbereich haben die Kleinen in einem kunterbunten Spielbereich ihre eigene Sammelstelle. Diese wird rege genutzt. Süss zu beobachten, mit was für einer Konzentration und mit welchem Eifer sie ans Entsorgungswerk gehen.

Die Schulung der Kinder ist Bertschi ein Anliegen. Das hat sich herumgesprochen und kommt bei Lehrern und Schülern gleichermassen gut an – so gut, dass das Paradies sogar als Schulreiseziel gewählt wird. Nicht selten führen Kinder nach einem Workshop auch ihre Eltern in den Recyclinghof, um ihnen zu zeigen, was sie zu diesem Thema gelernt haben. Die Folge ist eine doppelte: Die Kinder lernen beizeiten, dass man Abfall nicht auf den Boden wirft, und die Recycling-Quote steigt.

Das Recycling-Paradies findet auch ausserhalb der Schule Anklang. Zur Vize-Aargauerin des Jahres wird nicht jeder gewählt. Genauso wenig erhält man einfach so den mit 50.000 Franken dotierten Nachhaltigkeitspreis Prix Evenir der Erdölvereinigung, den Goldenen Creativity-Award der Idee-Suisse oder den Aargauer Unternehmenspreis. Buchstäblich eine ausgezeichnete Idee, dieses Recycling.

Adresse Mattenstrasse 1, Industrie Moos, 5734 Reinach, www.recycling-paradies.ch, Tel. 062/7717273 | **Anfahrt** Route 23 (Aarau/Sursee) bis Leimbach, der Strasse bis zum Kreisel folgen, im Kreisel 1. rechts (Alte Aarauerstrasse), 2. links (Mattenstrasse) | **Öffnungszeiten** Mo–Sa 8–12 und 13–18 Uhr | **Tipp** Die mechanische Turmuhr in Unterkulm: 1530 bestellt, läuft das Uhrwerk der Reformierten Kirche an der Juchstrasse 1 noch immer in der originalen Ausstattung. Info unter sekretariat@ref-kulm.ch.

77 Das Wiesenlabyrinth
Schritt für Schritt der Mitte entgegen

Seit April 2001 schmiegt sich das Labyrinth östlich von Remigen zwischen Waldrand und Rebberg ins Gras. Auf den ersten Blick ist es eher unscheinbar; wer nicht ausdrücklich danach Ausschau hält, bemerkt es wohl nicht einmal. Das wäre schade, denn Labyrinthe sind uralte, von Menschen geschaffene Symbole für den Gang des Lebens. Seinen Windungen zu folgen ist eine ausgezeichnete Gelegenheit, über den eigenen Lebensweg nachzudenken und dessen Umwege auf eine intensive und doch tröstliche Art wie in einem Zeitraffer zu erfahren.

Fälschlicherweise wird das Labyrinth oft dem Irrgarten gleichgesetzt. Im Gegensatz zum Labyrinth enthält ein Irrgarten jedoch Sackgassen und Abzweigungen; hat man Pech, findet man nie heraus. In einem Labyrinth hingegen gibt es nur einen Weg; er führt immer ans Ziel; man muss lediglich durchhalten und ihn zu Ende gehen.

Es gibt verschiedene Arten von Labyrinthen. Jenes von Remigen ist dem berühmten Kirchenlabyrinth von Chartres nachempfunden. Allerdings besteht es nicht aus schwarzen und grauen Steinplatten, sondern aus einem abgemähten Pfad in der Wiese. Es wirkt eher klein. Greifbar nahe liegt die Mitte vor einem. Doch der Weg dorthin zieht sich. Insgesamt sind es 240 Meter beziehungsweise elf Umgänge oder 28 Wendungen bis zum Zentrum.

Das Wiesenlabyrinth gilt als Kraftort. Schwer zu sagen, ob die Kraft vom Ort ausgeht, vom Labyrinth oder von der Kombination von beidem. Auf jeden Fall liegt ein besonderer Friede über dem Gelände. Besonders gut dürfte ihn spüren, wer den Weg allein unter die Füsse nimmt und sich ganz auf das einlässt, was dabei mit ihm geschieht. Wer seine Erfahrungen nachklingen lassen will, bevor er in die Hektik der Zivilisation zurückkehrt, kann dies auf dem nahen Holzbänkchen tun. Dort lässt sich auch gut auf die Naturgeräusche lauschen. Vogelstimmen statt Verkehrslärm – allein dies beruhigt.

Adresse Im Hasel, 5236 Remigen, Info unter Tel. 056/2812116 | **Anfahrt** Route 5 (Koblenz/Aarau), nach der Aarebrücke bei Stilli links, 1. Strasse rechts (Richtung Remigen), an der Kreuzung rechts, danach leicht links, nach dem Zoo Hasel die 4. Strasse rechts (Feldweg), zum Waldrand hinauffahren, rechts abbiegen, das Labyrinth liegt rechter Hand | **Tipp** Das Axporama in Böttstein: Die Experimentierstationen zum Thema Energie sind So 12–17 Uhr geöffnet. Mo–Sa Führungen nach Vereinbarung unter Tel. 056/2042031.

RHEINFELDEN

78 Das International Imaginary Museum
Meisterwerke mit Falschheitszertifikat

Jahrelang beherbergten die rund 100 Quadratmeter einen Blumenladen, nun treibt der Ort Blüten anderer Art. Die Rede ist nicht von illegal in Umlauf gebrachten falschen Banknoten, sondern von legalen Kopien berühmter Gemälde. Einen Picasso oder Warhol sucht man im einzigen Fälschermuseum der Schweiz, das zugleich auch eine Galerie ist, jedoch vergebens. Herstellen könnten die Künstler, von denen Yvonne Bettinger ihre Fälschungen bezieht, gewiss auch Werke der genannten Maler, doch das Urheberrecht verbietet dies. Es erlischt erst 70 Jahre nach dem Tod des Originalschöpfers. Die Auswahl an Meisterwerken beeindruckt auch so. Selten kommt man ohne Taschenkontrolle und Lichtschranke so nahe an einen Klimt, Monet, Van Gogh, Munch, Rembrandt und wie sie alle heissen heran. Selbst die Mona Lisa kann man ohne Besucherschlange betrachten – etwas, wovon man im Louvre nur träumen kann.

Damit alles seine gesetzliche Richtigkeit hat, ist jedes Gemälde auf der Rückseite als Fälschung gekennzeichnet. Zudem weicht das Format von jenem des Originals ab. Wie gross die Formatabweichung ist, spielt dabei keine Rolle; Millimeter genügen. Interessant ist die Frage, was schwieriger ist: ein genuines Kunstwerk zu schaffen oder ein solches zu kopieren. Wer je versucht hat, ein Gemälde bis ins Detail nachzuahmen, weiss, wie viel Können und Sachverstand dies braucht. Etwa 150 bis 300 Stunden arbeitet ein Künstler an einer Kopie. Ist sie vollendet, bescheinigt ein Experte deren Qualität.

Bettinger bietet auch Führungen an. Dabei geht es weniger um Kunstgeschichtliches als um dreiste Gaunereien. Nicht alle Fälscher verdienen solche Unsummen wie Wolfgang Beltracchi, der 25 Jahre lang selbst gemalte Bilder als verschollene Meisterwerke verkaufte. Nichtsdestotrotz: Die Betrüger leben mitten unter uns und verkaufen ihre Werke – illegal und ohne entsprechenden Vermerk.

Adresse Theophil-Roniger-Strasse 21, 4310 Rheinfelden | **Anfahrt** A 3 (Ausfahrt 15 Rheinfelden-Ost), bei der Ampel links (Richtung Magden), gleich nach der Ampel rechts und der Strasse bis zum Museum folgen | **Öffnungszeiten** unter www.iim-museum.com | **Tipp** Die Brauerei Feldschlösschen: Im Rheinfelder Wahrzeichen am Ende der Theophil-Roniger-Strasse werden verschiedene Führungen angeboten.

RHEINFELDEN

79 — Der Rössli-Jazz
Tonmalerei, die beschwingt

Er sei beschäftigt als «freischaffender Landschaftsmaler, Aquarellist, Zeichner, Tagebüchler» und, und, und, schreibt Viktor Hottinger über sich selbst. Das, was ihn primär ausmacht und was alles andere spürbar durchdringt, steht am Ende der Liste: «Mensch». Irgendwo dazwischen befindet sich «New-Orleans-Jazz-Kornettist». Als solcher «malt» der Künstler von März bis Dezember jeden mittleren Donnerstag im Monat Ton- anstelle von Pinselbildern. Wie die Kunstmalerei hat sich Hottinger auch diese Art des Ausdrucks autodidaktisch beigebracht. In der Malerei gehört sein Herz vor allem der Landschaft, in der Musik hat er es an den New-Orleans-Jazz verloren.

Mehr als zehn Jahre ist es her, dass Hottinger mit seiner Familie im «Rössli» sass. Die Wirtin war neu, das Restaurant praktisch leer. Vielleicht war es gerade diese Stille, die dem Künstler seine Konzert-Idee eingab; jedenfalls war bald darauf der «Rössli-Jazz» geboren. Der erste Auftritt ging am 18. März 2004 über die Restaurantbühne. Seither haben deutlich mehr als ein halbes Hundert Amateurmusiker in der Brodlaube gespielt. «Wechsel in der Konstante» könnte man die bisher über 100 Abende überschreiben: Die Besetzung war jeweils eine andere, das volle Lokal und die gute Laune blieben.

Ihre Gage erhalten die Musiker in Naturalien; sie werden von der «Rössli-Wirtin» liebevoll verpflegt. Entsprechend bezahlt das Publikum keinen Eintritt, bestellt dafür aber das Menü. Einen Konzertzuschlag gibt es nicht. Die meisten Zuhörer kommen so regelmässig, dass sie sich ab- statt anmelden, sollten sie an einem Jazz-Donnerstag einmal verhindert sein. Wer also wissen möchte, wie sich New-Orleans-Jazz à la Aargau anhört, muss unbedingt rechtzeitig reservieren. Die Musik beschwingt, der Blick in die Gesichter der Anwesenden jedoch berührt: Die Augen geschlossen, lassen sie sich von den Klängen davontragen.

Adresse Gasthaus zum Rössli, Brodlaube 11, 4310 Rheinfelden, Info unter hottinger@teleport.ch | **Anfahrt** A 3 (Ausfahrt 15 Rheinfelden-Ost), bei der Ampel rechts (Richtung Möhlin/Rheinfelden), bei der nächsten Ampel links, bei der nächsten Ampel rechts und auf dem Parkplatz rechter Hand parkieren, zu Fuss die Bahnhofstrasse hinuntergehen, in der Marktgasse rechts, die nächste links (Brodlaube) | **Öffnungszeiten** März–Dez. jeden mittleren Do des Monats 20–22 Uhr, Reservation unter Tel. 061/8317170 | **Tipp** Das historische Fasten- und Hungertuch: In der Schweiz gibt es nur deren zwei, eines davon hängt während der Fastenzeit in der Stadtkirche St. Martin.

80 Die Saldomes 1 und 2
Zwei Architekturtempel für das weisse Gold

Die Schweiz gilt nicht gerade als Bodenschatz-Mekka, dabei wird hier ein Schatz abgebaut, der gemäss Märchen wertvoller ist als alle Edelsteine der Welt: Salz. Seit dem 15. Jahrhundert wird der Schweizer Salzhandel durch ein Monopol geregelt, das Salzregal. 2014 schlossen sich die beiden Inhaberinnen des Regals – die «Schweizer Rheinsalinen» und die «Saline de Bex» – zu den «Schweizer Salinen» zusammen. Prioritäres Ziel der neu gegründeten Gesellschaft ist es, die Salzversorgung der Schweiz durch eine autonome inländische Produktion langfristig sicherzustellen.

In den letzten Jahren kam man davon ab, die Strassen im Winter nachgerade zu pökeln. Der Bedarf an Auftausalzen ging allerdings nicht zurück. Um Versorgungsengpässe, wie sie in der Vergangenheit immer wieder vorkamen, möglichst auszuschliessen, baute man in Riburg für das lose Auftausalz zwei Lagerhallen. Die Salztempel haben die Form einer Kuppel und sind aus einheimischem Holz gebaut. Holz deshalb, weil dieses salzresistent und für die korrosive Atmosphäre im Innern der Gebäude wesentlich besser geeignet ist als Stahl. Kaum fertiggestellt wurde der «Saldome 1» an der Weltausstellung in Japan ausgezeichnet. Der mit einer Scheitelhöhe von 31,6 und einer Spannweite von 120 Metern noch etwas grössere «Saldome 2», der 2012 eingeweiht wurde, darf sich dafür «grösster Holzkuppelbau Europas» nennen; die 120 Meter wurden übrigens durch die maximal mögliche Ausnutzung des Grundstücks vorgegeben.

Trotz der Lagerkapazität von insgesamt 230.000 Tonnen Streusalz kam es im Winter 2012/2013 zu Engpässen. Getreu dem Motto «eines nach dem andern» hatte man das eine Lager geleert, bevor man das andere anzapfte. Als mit dem grossen Schnee alles nach Salz verlangte, waren theoretisch zwar mehrere Verladestationen vorhanden, praktisch konnten sie aber nicht genutzt werden. Neu heisst das Motto übrigens «beide gleichmässig».

Adresse Saline Riburg, Riburgerstrasse 1507, 4310 Rheinfelden, www.saldome.ch | **Anfahrt** A 3 (Ausfahrt 15 Rheinfelden-Ost), bei der Ampel rechts (Richtung Möhlin/Rheinfelden), bei der nächsten Ampel rechts (Richtung Möhlin), im Kreisel 2. Ausfahrt (Industriestrasse), der Strasse bis zu den Saldomes folgen | **Öffnungszeiten** Von aussen jederzeit zugänglich, von innen nur geführt, Info unter www.salz.ch | **Tipp** Das StromTurmHuus: Das, gemäss Besitzer, kleinste Hochhaus der Welt am Ryburgpark 9 ist ein ehemaliger Trafoturm. Sehen kann man es zwar nur von aussen, doch eine Tafel dokumentiert die Verwandlung.

81 Die Schwurhand
Ist sie's oder ist sie's nicht?

Golden ist die Hand, die in der ersten Etage des Fricktaler Museums ausgestellt ist, nicht; und auch kein Kunstwerk im eigentlichen Sinn. Aber Hansjörg Scheiders «Hunkeler und die goldene Hand» ist ja auch ein Roman und keine Geschichtschronik, und die abgeschlagene Hand Rudolfs von Rheinfelden diente dem Basler Autor lediglich als Inspirationsquelle für sein Werk.

Es geschah im Oktober 1080 auf einer Anhöhe zwischen Grunau und Domsen. König Heinrich IV. verlor zwar die Schlacht, entschied den Streit um den Königsthron aber für sich; am 31. März 1084 wurde er in Rom zum Kaiser des Heiligen Römischen Reiches Deutscher Nation gekrönt. Sein Schwager und Gegenkönig Rudolf von Rheinfelden hingegen trug den Schlachtensieg davon, verlor aber Hand und Leben. In dieser Reihenfolge. Oder tötete ihn doch zuerst ein Schwertstreich oder ein Lanzenstich, bevor ihm die Hand abgehackt wurde? Streckte er folglich auf dem Schlachtfeld bei Hohenmölsen mit der Linken gar nie die abgeschlagene Rechte in die Luft und sagte verbittert: «Sehet, das ist die Hand, mit welcher ich meinem König die Treue geschworen»?

Sicher ist: Die Rheinfelder Hand ist eine Kopie. Das Original liegt im Merseburger Dom. Ob es sich dabei wirklich um die Hand Rudolfs handelt, weiss bislang nur die Hand selbst. Ein DNA-Vergleich mit Rudolfs Überresten könnte Klarheit bringen, doch davon wollen die Verantwortlichen in Merseburg nichts wissen; zu entsetzlich die Vorstellung, die kostbare Hand dafür beschädigen zu müssen. Oder fürchtet man im Dom zu Merseburg vielleicht etwas anderes? Die modernen Untersuchungsmethoden wirbelten einzelne Mumienbiografien nämlich ganz schön durcheinander. So hat sich beispielsweise 2005 das «Mädchen von Windeby», die wohl berühmteste deutsche Moorleiche, nach der genetischen Untersuchung als Junge entpuppt. Ordinäre Weiberhand statt königlicher Schwurfinger? Nicht auszudenken.

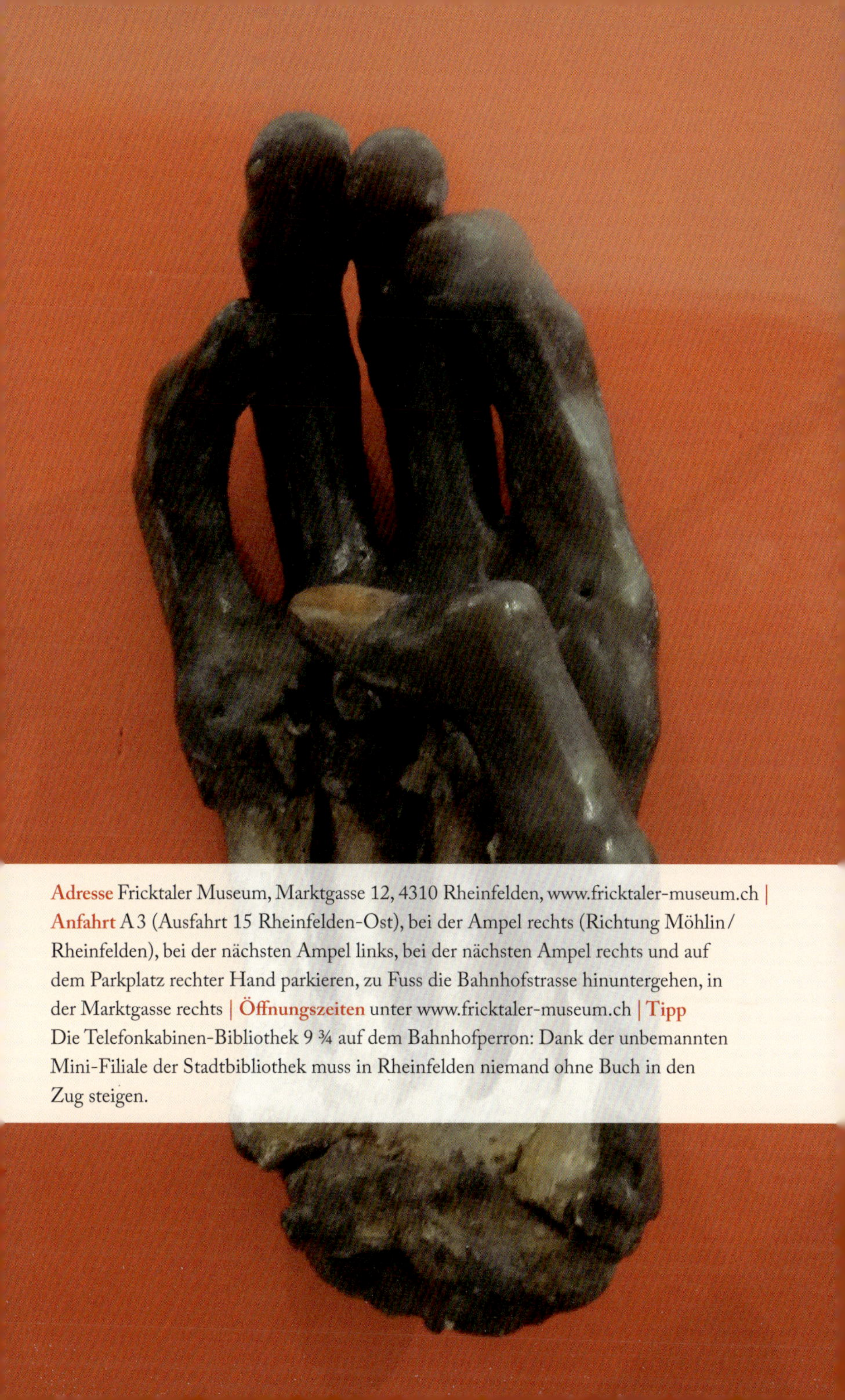

Adresse Fricktaler Museum, Marktgasse 12, 4310 Rheinfelden, www.fricktaler-museum.ch | **Anfahrt** A3 (Ausfahrt 15 Rheinfelden-Ost), bei der Ampel rechts (Richtung Möhlin / Rheinfelden), bei der nächsten Ampel links, bei der nächsten Ampel rechts und auf dem Parkplatz rechter Hand parkieren, zu Fuss die Bahnhofstrasse hinuntergehen, in der Marktgasse rechts | **Öffnungszeiten** unter www.fricktaler-museum.ch | **Tipp** Die Telefonkabinen-Bibliothek 9 ¾ auf dem Bahnhofperron: Dank der unbemannten Mini-Filiale der Stadtbibliothek muss in Rheinfelden niemand ohne Buch in den Zug steigen.

82 Das St.-Anna-Loch
Schwimmen verboten

Ob die Rheinfelder tatsächlich aus Angst vor den Hunnen hier ihre Schätze und die goldene Kapellenglocke der Burg Stein im Rhein versenkten und die Hunnen daraufhin die Edelfrau Anna wutentbrannt hinterherwarfen? In der Gegend waren die Hunnen jedenfalls. Auf dem Inseli wohnte mit der Gattin Rudolfs von Habsburg einst auch eine Anna. Allerdings mit einigen Jährchen Abstand. Das Loch aber, in dem Glocke, Gold und Frau versunken sein sollen, existiert wirklich.

Zwischen den beiden Rheinfelden, jenem in Deutschland und jenem in der Schweiz, verläuft eine tektonische Plattengrenze. Tafeljura und Schwarzwald verschieben sich gegeneinander. Furchen und Gräben im Rheinbett sind die Folge. Die ersten zeigen sich etwa 700 Meter oberhalb der alten Rheinbrücke, vereinigen sich nach und nach zu einem steilwandigen Einschnitt und öffnen sich unterhalb der Brücke zu einem Becken. Was relativ beschaulich klingt und tückischerweise meist auch so aussieht, ist brandgefährlich. Unter der Brücke ist der Rhein durchschnittlich drei Meter tief. Dann geht's abrupt hinunter. Mit bis zu 4.500 Kubikmeter pro Sekunde stürzt das Wasser 34 Meter in die Tiefe. Davon sieht ein Betrachter genauso wenig wie von der Walzenbewegung, in die das Wasser versetzt wird. Doch wehe dem Schwimmer, der in das Fallwasser gerät. Nicht von ungefähr stellt der Anna-Brunnen am deutschen Rheinufer eine Wasserfrau mit einem ertrunkenen Kind im Schoss dar.

Im Auftrag des Fricktaler Museums sollte das, was verborgen ist, im Massstab 1:500 ans Licht geholt werden. Kein Geringerer als Toni Mair ging an die Arbeit. Rund 300 Stunden baute der «Vater» des grossen Aargau-Reliefs des Naturama am geologischen Model des St.-Anna-Lochs. Doch dem Fricktaler Museum missfielen die Balsaholz-Häuschen darauf. Nun harrt das Werk auf einen anderen Käufer. Das wäre doch DIE Gelegenheit für die Rheinfelder Stadtverwaltung.

Adresse Rheinbrückstrasse, 4310 Rheinfelden. Die tiefste Stelle des St.-Anna-Lochs ist kurz nach dem Brückenbogen zwischen Inseli und Deutschland. Infos zum Relief unter www.mair-relief.ch | **Anfahrt** A3 (Ausfahrt 15 Rheinfelden-Ost), bei der Ampel rechts (Richtung Möhlin/Rheinfelden), bei der nächsten Ampel links, bei der nächsten Ampel rechts und auf dem Parkplatz rechter Hand parkieren, zu Fuss die Bahnhofstrasse hinuntergehen, in der Marktgasse links, bei der Rheinbrücke rechts | **Tipp** Der Achtsamkeitsgarten des Hotel EDEN im Park: Ideal, um der Hektik des Alltags zu entkommen. Info unter www.hoteleden.ch.

SCHINZNACH-DORF

83 Die Röschti-Farm
Schweizer Spezialität in 1.001 Variationen

Liebt man Rösti, hat man vorab reserviert und ist das Navigationsgerät für die Anfahrt mit «Schinznach-Dorf, Bözenegg 1» gefüttert, steht einem entspannten Essen nichts mehr im Weg. Die Röschti-Farm bietet genau das, was der Name verspricht: Rösti, Rösti und nochmals Rösti, serviert in einer heimelig-rustikalen Atmosphäre.

Eine Rösti soll es sein, so viel steht schon mal fest. Wer aber meint, mit dieser Vorentscheidung entginge er der Qual der Wahl, reibt sich beim Anblick der Speisekarte die Augen. «Senne Röschti»? «Lozärner Röschti»? «Gourmet Röschti»? Eine Rösti mit Salzgurken, Tomaten, Champignons und Kräutern? Oder doch lieber mit Cervelat- und Speckwürfeli, Röschtizwiebeln und Spiegelei? Die Kreationen unter der Rubrik «Wo die Liebe hinfällt» klingen ebenfalls spannend: Die «LEIDENSCHAFTS Röschti» zum Beispiel verspricht einen besonderen Verlauf des Abends; die «EIFERSUCHTS Röschti» auch, aber man will sich ja nicht gleich die Finger verbrennen; die «NEUNMONATS Röschti» bestellt man wohl besser erst nach der «LIEBENDEN Röschti». Eigentlich fehlt für ein umfassendes Lebens- und Beziehungspanorama bloss noch die «HAUSBAUER-», die «BAUMPFLANZ-» und die «BEERDIGUNGS Röschti», aber Letztere wäre etwas makaber.

Die Gäste der Röschti-Farm sind international beziehungsweise nicht nur deutscher Muttersprache. Der Beweis dafür ist die polyglotte Speisekarte – weniger, weil es eine solche sonst gar nicht bräuchte, sondern weil es eine solche sonst gar nicht gäbe. Die Übersetzungen stammen nämlich von den Gästen. So lernt man en passant, dass Rösti auf Türkisch «Röşti», auf Englisch «hash brown» und auf Rätoromanisch «Truffels barsai» heisst. Womit bewiesen wäre: Essen bildet. Und wer dem Koch in seiner offenen Küche auf die Finger schaut, lernt auch noch gleich das Röstiwenden. «Einfach mit dem Kopf die Bewegung der Rösti mitmachen, dann klappt's.» Oder auch nicht.

Adresse Bözenegg 1, 5107 Schinznach-Dorf, www.roestifarm.ch | **Anfahrt** Route 5 (Aarau/Brugg) bis Schinznach-Bad, im Kreisel 2. Ausfahrt (Richtung Schinznach-Dorf), in den nächsten beiden Kreiseln jeweils die 2. Ausfahrt, der Strasse bis ans Ende folgen, rechts abbiegen und sofort leicht links fahren (Bözeneggstrasse), der Strasse bis zum ehemaligen Bahnhof folgen | **Öffnungszeiten** Mo–Sa 8–24 Uhr (warme Küche 11–13.30 und 17.30–22 Uhr), So 9–23 Uhr (warme Küche 11–21.30 Uhr) | **Tipp** Die Thermalbäder von Bad Schinznach: Deren Thermalquelle gilt als stärkste und ausgewogenste Schwefelquelle der Schweiz.

84 — Die Sternwarte NOVA SOLARIS
Ein Tor zum Himmelszelt

Zum Glück kannten die Griechen viele unserer Sternbilder bereits, sonst sähen wir heute wohl einen «Lamborghini» und ein «iPhone» am Himmel. Beide wären in guter Gesellschaft. Eine «Pendeluhr» und ein «Mikroskop» gibt es nämlich tatsächlich. Allerdings am Südhimmel, der der alten Welt erst durch die Seefahrt im 17. und 18. Jahrhundert enthüllt wurde. Physikalisch haben die Sterne eines Sternbilds keine Beziehung zueinander. Die Menschen fassten auffällige Sternengruppierungen einfach aus dem Bedürfnis heraus zu Figuren zusammen, sich am Himmel orientieren zu können.

«Sternbilder wie der ‹Orion›, das Himmels-W ‹Kassiopeia› oder der ‹grosse Wagen›, der zum ‹grossen Bären› gehört und in Amerika übrigens ‹Big Dipper› – ‹grosser Schöpflöffel› – heisst, sind ideale Ausgangspunkte für die Himmelsbeobachtung», sagt Victor Larrosa, Präsident des «Astroclub Solaris Aarau» und Leiter der Sternwarte auf der Nütziweid. «Und natürlich der Mond.» Schon durch das alte Teleskop sieht er atemberaubend aus; was einen richtig kribbelig macht auf das neue, wesentlich leistungsstärkere Instrument, das der Feinoptiker selbst baut.

Jeweils am ersten und dritten Freitag im Monat kann die Sternwarte bei geeigneter Witterung ohne Voranmeldung besucht werden. Der Publikumsaufmarsch hält sich leider in Grenzen. «Es ist traurig, wie wenig sich die Leute noch für den Himmel interessieren.» Das ist es wirklich, denn der Himmelsblick hat etwas Beruhigendes. Zudem hätte man allein Objekte wie die planetarischen Nebel «M27» und «M57» nie gefunden. Die «Leier», zu der «M57» gehört, ist überhaupt interessant: Da ist zum einen die «Wega», der fünfthellste Stern des Nachthimmels, und links oberhalb davon «ε», ein idealer Augentester. «ε» besteht nämlich aus zwei mal zwei Sternen. Ein Adlerauge, wer dies ohne Feldstecher oder Teleskop erkennt.

Adresse Nütziweid, 5046 Schmiedrued | **Anfahrt** Route 24 (Sursee / Aarau) bis Mooslerau, scharf rechts abbiegen (Richtung Schmiedrued / Nütziweid), der Strasse bis Nütziweid folgen | **Öffnungszeiten** bei guter Witterung in der Regel von März – Nov. am 1. und 3. Fr des Monats, Frühling / Herbst ab 20 Uhr, Sommer ab 21.30 Uhr, Info unter www.astroclub-solaris.ch | **Tipp** Das Weberei- und Heimatmuseum Schmiedrued-Walde: von März – Okt. am 1. So des Monats von 14 – 16.30 Uhr geöffnet.

SCHNEISINGEN

85 Der Vrenelistein
Tragik pur

Wer hätte gedacht, dass dieses kleine Dorf an der Grenze zum Kanton Zürich so viele Geheimnisse birgt. Andererseits überrascht einen im Aargau nichts mehr, nicht einmal Alpenrosen im Zurzibieter Wald. Wie die Hochgebirgspflanze einst hierhin gelangte, weiss nur sie allein. Seit dem Mittelalter haust angeblich auch eine Hexe auf dem Gemeindegebiet. Ob sie etwas mit den Alpenrosen zu tun hat? Oder mit dem tragischen Schicksal Maria Verena Köferlis, das eine der letzten Hinrichtungen im Bezirk Zurzach nach sich zog?

Folgt man im Weiler Widen den braunen Wegweisern des Dorflehrpfads hinauf in den Wald, kommt man nach etwa 15 Minuten zu einem schlichten Stein. Er steht rechts des Wegs und erinnert mit einer Inschrift an die unglückliche Magd, die 1821 «All hier» mit nur 22 Jahren «eines gewaltsamen Todes gestorben» war. Der Gedenkstein von 1990 ist eine Kopie des verwitterten Originals von 1823, die Geschichte hingegen, von der er zeugt, ist wahr.

Über die genauen Geschehnisse schweigt der Stein sich aus, die weiss die Gemeindeverwaltung zu berichten: Dannzumal verliebte sich der Bauer und Leinenweber Johann Meyer aus Schneisingen in die Lengnauerin Maria Verena Köferli. Meyers Eltern waren gegen die Verbindung. Als die junge Frau schwanger wurde, nahm das Verhängnis seinen Lauf. An einem Sonntag im Februar 1821 drängte Köferli den Geliebten im Wald ob Widen dazu, bei den Eltern wegen der Heirat vorzusprechen. Meyer hatte Angst vor diesem Schritt, und es kam zum Streit. Dabei würgte Meyer die Frau, bis sie die Besinnung verlor. Voller Panik darüber, sie umgebracht zu haben, wollte er einen Selbstmord vorspiegeln und knüpfte die Bewusstlose an einer Föhre auf. Damit aber tötete er sie wirklich. Die Behörden fanden bald heraus, was passiert war. Und obwohl alles gegen einen kaltblütig geplanten Mord sprach, wurde Meyer am 26. April 1821 auf dem Richtplatz zwischen Bad Zurzach und Tegerfelden öffentlich hingerichtet.

Adresse Widen, 5425 Schneisingen | **Anfahrt** Route 17 (Leibstadt/Zürich) bis Lengnau, im Kreisel 3. Ausfahrt, bei der Gabelung leicht rechts (Zürichstrasse), bei der Gabelung leicht links (Wydenstrasse), der Strasse bis Widen folgen, hier parkieren, zu Fuss den Wegweisern des Schneisiger Dorflehrpfads folgen, bei der Feldweg-Gabelung gleich nach dem Weiler den rechten Weg nehmen, dann immer geradeaus | **Tipp** Das Mammutmuseum Niederweningen: So 14–17 Uhr geöffnet.

86 — Das Rapid Museum
Ein Altersheim für Motormäher

Bei der Geburt muss Charles Lüscher mit dem Rapid-Virus infiziert worden sein; wie liessen sich sonst die Energie und Leidenschaft erklären, mit der er seine Sammlung während Jahrzehnten aufgebaut hat. Da Lüschers Vater zu den ersten Rapid-Händlern gehörte, er übernahm die Vertretung der Landmaschinen bereits 1945, war eine latente Ansteckungsgefahr jedenfalls gegeben.

Energie und Leidenschaft allein genügen allerdings nicht, um ein Museum auf die Beine zu stellen, schon gar keines, das überzeugend konzeptioniert und sorgfältig gestaltet ist. Dazu braucht es zudem Sachverstand – und zwar nicht wenig –, ein stimmiges Umfeld und manchmal auch ein Quäntchen Glück. Herrlich die Geschichten, die Lüscher über die einzelnen Ausstellungsstücke und ihren Weg nach Schöftland zu erzählen weiss.

Museumsbesuche sind gute Gelegenheiten, um über Dinge nachzudenken, die man vorher kaum zur Kenntnis nahm. Grasen zum Beispiel. Während der Führung durch die Ausstellung wird einem bald klar, dass «Sägisse» und «Dängele» höchstens für diejenigen die Inbegriffe von Bauernhofromantik sind, die nie von Hand in der flirrenden Hitze ganze Hänge und Wiesen abmähen mussten. Verständlich, dass die Bauern die Arbeitserleichterung, die der Einsatz eines Motormähers für sie bedeutete, schätzten. Die Einachser waren aber auch wirklich patente Konstruktionen und schon bald echte Universalkönner. Sie mähten nicht nur Gras, sondern man konnte sie unter anderem auch als Baumspritze, Seilwinde, Kraftanlage oder Schneepflug einsetzen.

Der Ausflug in die Welt der Motormäher geht über drei Etagen und umfasst neben diversen Accessoires im Wesentlichen die Rapid-Produktpalette von 1926 bis 2010. Selbst drei Motoren aus dem kurzen Automobil-Gastspiel von 1946 fehlen nicht. Der Kleinwagen selbst ist als Fotografie vorhanden. Wer mag, kann ihn aber im Verkehrshaus Luzern im Original bestaunen.

Adresse Holzikerstrasse 12, 5040 Schöftland, www.rapidmuseum.ch | **Anfahrt** A 1 (Ausfahrt 49 Aarau-West), Richtung Schöftland, die erste grosse Abzweigung nach dem Kreisel links (Holzikerstrasse) | **Öffnungszeiten** April–Okt. jeden letzten So im Monat 10–15 Uhr | **Tipp** Die Gutenberg Werkstatt Reitnau: Gegen Voranmeldung können Gruppen und Familien in die Geschichte des Buchdrucks eintauchen. Info unter www.druckereialtherr.ch.

SCHÖFTLAND

87 Die Säulengrotte
Ein Keller zum Cervelatbraten

Nein, hinter dem Berg leben die Aargauer nicht. Aber ein grosser Teil von ihnen lebt auf den Alpen, jedenfalls erdgeschichtlich gesehen. Denn die Gesteine der aargauischen Hügelzüge sind aus alpinem Ablagerungsmaterial entstanden. Eines dieser Ablagerungs- oder Sedimentgesteine ist der Sandstein. Bereits die Römer schätzten ihn als Baumaterial, am intensivsten gebrochen wurde er jedoch von 1200 bis 1900. Man stellte daraus Ofenplatten her, Mauern und natürlich Gebäude. Das Rathaus in Basel oder die Jugendherberge in Zofingen sind nur zwei der zahllosen Sandsteinbauten in der Schweiz.

Vielerorts brach man Sandstein in kleineren Mengen für den lokalen Gebrauch. So auch in Schöftland und der angrenzenden Gemeinde Staffelbach. Die Säulengrotte im Waldgebiet Husertwing ist ein Überbleibsel dieser Abbauaktivitäten. Genau genommen liegt der in den Sandstein gebrochene Felsenkeller auf dem Gemeindegebiet von Staffelbach; gehören tut er aber der Ortsbürgerschaft Schöftland.

Bis vor die Tür fahren kann man nicht. Allerdings ist der Weg vom Parkplatz beim Schwimmbad Rütimatten bis zur Grotte nicht weit. Und wer nach der kurzen Wanderweg-Kraxelei bereits erschöpft ist, ruht sich einfach umso länger auf den fest installierten Bänken an der Feuerstelle aus. Dort ist man vor Wind, Regen und Blicken geschützt. Wäre nicht das unablässige Brummen von der Hauptstrasse Aarau-Sursee her, man vergässe, wie nahe die Zivilisation ist.

Allein fühlt man sich in der geräumigen Kaverne fast ein wenig verloren. Immerhin bietet sie Platz für bis zu 100 Personen – der ideale Ort also für das nächste Sommernachtsfest. Vor dessen Organisation sollte man allerdings unbedingt das Benützungsreglement der Gemeinde lesen und, falls nötig, eine Benützungsbewilligung einholen. Warum nicht für das nächste Fest eine Sandsteingrotte mieten? Ins Wasser fällt der Anlass damit schon mal nicht.

Adresse beim Schwimmbad Rütimatten, 5040 Schöftland | **Anfahrt** Route 24 (Sursee/Aarau) bis Kirchleerau, der Strasse weiter folgen bis zur Abzweigung Schöftland, rechts abbiegen (Luzernerstrasse), auf dem Schwimmbad-Parkplatz parkieren, zu Fuss wenige Meter die Luzernstrasse zurückgehen, die Strasse überqueren und dem Pfad den Wald hinauf bis zur Grotte folgen (circa 5 Minuten), Informationen und Reservation unter www.schoeftland.ch | **Tipp** Das Strohdachhaus Muhen: mit mächtigem Strohwalmdach und sehenswerter Zimmermannskunst, von April–Okt. jeweils am 1. und 3. So im Monat 14–17 Uhr geöffnet.

88 Die Wasserwirbelanlage
Einfaches Konzept mit dreifacher Wirkung

Unterhalb von Schöftland darf die Suhre wieder fröhlich mäandrieren. Der Wasserstand verändert sich und mit ihm die Landschaft. Inseln entstehen und vergehen, Tiere wie der Eisvogel oder der Steinkrebs, die verschwunden waren, kehren zurück. Der Preis, den das Flüsschen für seine wiedergewonnene Freiheit bezahlt, ist gering: Ein Teil des Wassers wird in ein Becken mit einem Loch im Boden geleitet. Wie bei einer Badewanne lässt die Schwerkraft das Wasser in einem Wirbel abfliessen. Ein über dem Beckenboden schwebender, frei beweglicher Rotor dreht sich im Wirbel und treibt einen Generator an: le voilà, der Naturstrom. Auch wenn der Rotor vergleichsweise langsam dreht, lässt bereits das Wasserrauschen erahnen: Die auftretenden Kräfte sind nicht zu unterschätzen – trotz der geringen Fallhöhe des Wassers von 1,4 Metern und einer eher bescheidenen Durchflussmenge.

Seit 2009 verwirbelt Dr. Bertrand Piccard die Suhre. Der Schöftländer Piccard heisst nicht nur gleich wie der Psychiater, Professor, Wissenschafts-Abenteurer und Goodwill-Botschafter der Vereinten Nationen, er ist auch dessen Patenkind. Erklärte Anliegen des Westschweizers sind die ökologische Zukunft der Erde sowie Forschung und Innovation im Bereich der erneuerbaren Energien. Allein dass jemand von Piccards Bedeutung anreist, um eine Anlage auf seinen Namen zu taufen, ist ein Gütesiegel mit Symbolcharakter. Ein zweites ist der «Prix Watt d'Or», mit dem das Bundesamt für Energie die Anlage 2011 auszeichnete.

Eine Wasserwirbelanlage ist immer Teil einer Trias von Renaturierung, Revitalisierung und Stromproduktion. In Deutschland spricht man deshalb auch von stromproduzierender Fischtreppe. Hiesige Umweltverbände bezweifeln die Fischdurchgängigkeit allen gegenteiligen Belegen zum Trotz. Eine Studie mit gechippten Tieren, die hoffentlich munter auf- und absteigen, soll diesen Punkt ein für alle Mal klären.

Adresse Sägeweg, 5040 Schöftland, www.gwwk.ch | **Anfahrt** A 1 (Ausfahrt 49 Aarau-West), Richtung Schöftland, die erste grosse Abzweigung nach dem Kreisel links (Holzikerstrasse), bei der Einmündung rechts (Aarauerstrasse), nach dem Coop links (Unterdorfstrasse), rechts abbiegen über die Suhre, nach der Brücke rechts (Sägeweg) | **Öffnungszeiten** Führungen nach Vereinbarung unter Tel. 062/7218253 | **Tipp** Der Waldseilgarten Rütihof: Ab 4 Jahren kann man mitklettern. Info unter www.waldseilgarten.ch.

89 Das Frauen- und das Männerbad
Sittlich korrektes Badevergnügen

Da glaubten die Seenger jahrelang, den höchsten Kirchturm des Aargaus zu besitzen, und dann das: Ihr Turm sei mit seinen 63,43 Metern höher, hiess es aus Villmergen. Die Bauplannachmessung des Seenger Pfarrers bestätigte die düstere Tatsache: Selbst wenn die Villmerger sich um ein paar Zentimeter vertan haben sollten, überragt ihr Turm jenen aus Seengen wirklich. Der misst nämlich bloss 58,5 statt der behaupteten rund 63 Meter. Aber das Leben besteht nicht nur aus Kirchtürmen. Auch öffentliche Badeanstalten braucht der Mensch, und davon gibt es in Seengen ganze fünf: eine am Aabach, vier am Hallwilersee. Würde man den See allerdings nicht seit 1985 «beatmen» – im Winter mit Druckluft, im Sommer mit reinem Sauerstoff –, wäre wohl auch das Badevergnügen Geschichte; wer schwimmt schon gern in einer Phosphatleiche.

Gebadet hat man in Seengen schon immer gern, weiss Jörg Leimgruber, Präsident des Vereins «Alte Schmitte», zu berichten. Berühmt war der Ort für die Kaltwasser-Heilanstalt von Dr. Adolf Erismann. Der Arzt errichtete für seine Kurgäste geschlechtergetrennte Badehäuser am Seeufer. Sie bildeten die Grundlagen für das Frauen- und das Männerbad. Ursprünglich stand das kleine Holzgebäude des Frauenbads auf Pfählen im Wasser, später wurde es am Ufer neu aufgebaut und 2001 in ein Familienbad mit Sonnenterrasse, Umkleidekabinen und WC-Anlage umgewandelt. Das Männerbad, das heute ebenfalls allen offensteht, ruht noch immer auf Pfählen im See und ist via Holzsteg erreichbar. Da für Männer das Baden offenbar mit Sport und Mutdemonstration zu tun hat, kann man vom Flachdach aus in den See springen. Als Seenger Primarschüler wurde man auch hineingeworfen. «Kannst du schwimmen?», fragten die älteren Schüler. Egal, was man antwortete, man landete unter «so zeig oder lern es» im Wasser. Ob gezeigt oder gelernt – überlebt haben alle.

Adresse Seeweg, 5707 Seengen | **Anfahrt** Route 26 (Lenzburg/Beinwil am See) bis Boniswil, links abbiegen (Richtung Seengen/Schloss Hallwyl), vom Schlossparkplatz aus zu Fuss dem Pfad auf der rechten Seite des Aabachs am Schloss vorbei zum See folgen. Zuerst gelangt man zur Flussbadi, dann zum Frauen- und zum Männerbad. Danach folgen das einstige Brestenbergbad und das Kinderbad. | **Öffnungszeiten** Die Badeanstalten sind frei zugänglich. | **Tipp** der Campingplatz im Arbeiterstrandbad Tenniwil, Info unter www.tennwil.ch.

SPREITENBACH

90 Die Umweltarena
Nachhaltigkeit live erleben

Die Natur ist nicht nur der beste Baumeister, sie ist auch unerschöpfliche Inspirationsquelle für menschliche (Bau-)Werke. Zweifellos stand sie für zwei spektakuläre Konstruktionen jüngeren Datums Pate, die nur wenige Kilometer voneinander entfernt sind: das an einen Schildkrötenpanzer gemahnende Elefantenhaus im Zoo Zürich und den anthrazitfarbenen «Edelstein» der Umweltarena Spreitenbach.

Die Umweltarena hat sich von A bis Z dem nachhaltigen modernen Leben verschrieben. Konsequenterweise tut sie dies in einem Minergie-P-Ausstellungsgebäude und unter einem Dach, das aus einer 5.300 Quadratmeter grossen Photovoltaikanlage besteht. In der Arena selbst werden keine Klingen gekreuzt, sondern es können diverse Elektrofahrzeuge ausprobiert werden. Die eigentliche Herausforderung erwartet den Besucher jedoch auf den vier Ebenen um die Arena herum. Über 100 Firmen zeigen dort in rund 45 interaktiven Ausstellungen Produkte und Technologien zu den Themen «Leben und Natur», «Energie und Mobilität», «Bauen und Modernisieren» sowie «Erneuerbare Energien». Das Ganze ist weder Verkaufsausstellung noch Museum; am ehesten könnte man es als Informationspool bezeichnen. Dabei sind Themenvielfalt und Informationsmenge so gross, dass es Tage bräuchte, um alles zu studieren. Ohne «Picknick Platz», wo man Mitgebrachtes konsumieren darf, sänke man bald einmal ermattet unter den PET-Flaschenbäumen der Recycling-City zu Boden.

In der Regel ist Anfassen erwünscht. Tatsächlich hilft das konkrete Begreifen dabei, komplexe Fragestellungen besser zu verstehen. Und es lacht nicht nur das Kinderherz, wenn es darum geht, via Rutschbahn Strom zu erzeugen. Hört der Hintern aber, dass es 1.382.390 Rutschpartien bräuchte, um die benötigte Energie für eine Elektromobilfahrt Umweltarena – Zürich City zu produzieren, raucht und brennt er schon mal prophylaktisch gotterbärmlich.

Adresse Türliackerstrasse 4, 8957 Spreitenbach, www.umweltarena.ch | **Anfahrt** A1/A3 (Ausfahrt 57 Spreitenbach), Richtung Spreitenbach/Killwangen, rechts abbiegen, dem Wegweiser bis zur Tiefgarage des «Shoppi Tivoli» und der «Umweltarena» folgen | **Öffnungszeiten** Do, Fr 10–18 Uhr, Sa, So 10–17 Uhr. Das Restaurant Klima ist zusätzlich Di, Mi 10–15 Uhr geöffnet. | **Tipp** Der Bruno Weber Park: Auf 15.000 Quadratmetern taucht man ein in eine Welt voller bunter Figuren. Informationen unter www.brunoweberpark.ch.

91 Das Rundhaus
Das Runde auf dem Dreieckigen

Sehen tut das Rundhaus, das 1984–1985 in 18 Monaten gebaut wurde, wohl jeder der Verkehrsteilnehmer, die sich Tag für Tag durch das Dorfzentrum quetschen. Aber haben sie es sich auch je bewusst angeschaut? Wer selbst am Steuer sitzt, hat dafür kaum Zeit. Sogar dann, wenn es in den chronisch verstopften Strassen nur stockend vorwärtsgeht, sollte man sich auf den Verkehr konzentrieren. Die Passagiere der Bahnlinien Zofingen–Lenzburg und Aarau–Menziken wiederum könnten sich zwar gefahrlos dem Sightseeing hingeben, kommen dem markanten Bau aber nicht wirklich nahe und verlieren ihn auch nur allzu schnell wieder aus dem Blickfeld. Da hilft nur eines: Fahrzeug Fahrzeug sein lassen und sich auf die eigenen zwei Beine besinnen.

Wenn man einmal unter der von schrägen Betonstützen getragenen Arkade gestanden, das Gebäude wieder und wieder umrundet und sich die Zeit genommen hat, Elemente wie die angehängten Galerien genauer zu betrachten, sieht man es nachher mit anderen Augen. Das Rundhaus ist nicht nur rund, was für ein Bürohaus an und für sich schon aussergewöhnlich ist, es ist darüber hinaus auch noch elegant und ästhetisch. Wie kunstvoll der Bau ist, erfasst man allerdings erst so richtig, wenn man ihn auch von innen gesehen hat. Stark vereinfacht ausgedrückt handelt es sich dabei um einen Zylinder, an dessen tragende Konstruktion innen und aussen Galerien angehängt sind, die frei in den Innen- respektive Aussenraum ragen, und der von einer Kuppel überspannt wird. Die Treppe, die über fünf Etagen führt, ist einer frei stehenden Skulptur vergleichbar. Ein für die runde Gebäudeform entscheidendes Planungselement war übrigens der dreieckige Grundriss des Bauplatzes.

Entworfen wurde das Rundhaus vom inzwischen weltberühmten spanischen Architekten und Bauingenieur Santiago Calatrava Valls, der 1981 in Zürich promoviert hat. Heute befindet sich dort sein Hauptstudio.

Adresse RAV, Regionales Arbeitsvermittlungszentrum, Bernstrasse West 73, 5034 Suhr | **Anfahrt** A1 (Ausfahrt 50 Aarau-Ost), Richtung Aarau-Ost/Suhr, der Strasse bis zum Rundhaus folgen | **Öffnungszeiten** Mo–Mi und Fr 8–12 und 13.30–17 Uhr, Do 10–12 und 13.30–17 Uhr | **Tipp** Eine Betriebsführung durch die Kehrichtverbrennungsanlage Buchs: Gruppen ab 5 Personen zeigt die KVA kostenlos, was mit dem Abfall geschieht. Termin nach Absprache unter Tel. 062/8347700.

TURGI

92 Der Bahnhof
535 Tonnen schwimmen näher zum Gleis

«Das Besondere am Bahnhof Turgi?» Die beiden Frauen schauen sich an. «Er ist ein Inselbahnhof», sagt die eine und nimmt ihren Mantel vom Haken. «Er war ein Inselbahnhof», korrigiert die andere. Inzwischen ist die S 12 auf Gleis 4 zum Stehen gekommen, und die Frauen eilen zur Tür. «Gleich werden wir es wissen», ruft die erste über die Schulter zurück, dann sind die zwei verschwunden.

‹Turgi ist flächenmässig nicht sehr gross», heisst es in der Gemeindebroschüre von 2008. Was den Bahnhof angeht, gab sich der Ort aber nie mit dem Gewöhnlichen zufrieden. Der erste Turgemer Bahnhof war tatsächlich ein Inselbahnhof – neben Olten der einzige in der Schweiz – und damit eine Rarität. Wie der Fluss eine Insel «umflossen» die Geleise das Gebäude. Dann kam die «Bahn 2000»; die Linienführung musste begradigt, die Stellwerk- und Gleisanlagen modernisiert werden. Dabei war der alte Bahnhof im Weg.

Das neue Bahnhofgebäude ist das Produkt eines Ideenwettbewerbs. Es ist nur gerade 3,45 Meter hoch und hat einen Durchmesser von 19,6 Metern. Womit die eine der beiden Eigenheiten des Baus gefunden wäre: Er ist der erste und bislang einzige runde SBB-Bahnhof der Schweiz. Ob sich die Projektverfasser bei der Ausarbeitung ihres Vorschlags von der katholischen Kirche im Ort inspirieren liessen? Diese ist nämlich ebenfalls rund.

Der Turgemer Bahnhof hat aber noch aus einem andern Grund SBB-Geschichte geschrieben. Aufgrund der Bauabläufe konnte er nicht auf Anhieb an seinem definitiven Standort errichtet werden. Deshalb wurde er am 22. März 1997 als erstes Gebäude der SBB im vollen Betrieb verschoben; um insgesamt viereinhalb Meter; mit einer Geschwindigkeit von circa ein bis zwei Metern pro Stunde. Dazu war er «schwimmend», das heisst auf Schienen, gebaut worden. Damit er nicht eines Tages ungeplant wegschwimmt, wurden die Gleitlager mit Mörtel ausgegossen und fixiert. Bei einem Bahnhof weiss man bekanntlich nie.

Adresse Bahnhof SBB, 5300 Turgi | **Anfahrt** Route 3 (Baden/Brugg) bis Turgi, rechts abbiegen (Richtung Untersiggenthal), nach der Unterführung links, bis zum Bahnhof weiterfahren | **Tipp** Der Eibenwald am Unterwilerberg: Der verwunschene Wald mit seinen über 1.200 Eiben, wo seit 1961 kein Holz mehr genutzt wird, liegt zwischen dem Badener Chappelerhof-Quartier und Wil.

93 Der Foxtrail Wasserschloss
Spurensuche mit Hirn und Spass

43 Burgen und Schlösser gibt es im Aargau. 43? 44! Schloss Nummer 44 ist jedoch kein Bauwerk, sondern die einmalige Auenlandschaft im Dreieck Brugg, Turgi und Klingnau, wo erst die Reuss und danach die Limmat in die Aare fliessen – mit Wasser aus 19 Kantonen und 43 Prozent der Gesamtfläche der Schweiz. Bei Koblenz mündet das Wasser schliesslich in den Rhein.

Neben Natur bietet das «Wasserschloss der Schweiz» auch äusserst geschichtsträchtige Orte. Und Römer. Die waren ja in Vindonissa stationiert. Noch heute treiben sie sich in der Gegend herum. Lassen Sie sich also bloss nicht aus dem Konzept bringen, wenn Ihnen auf Ihrer Verfolgung exerzierende Legionäre in die Quere kommen. Verfolgung? Sie haben richtig gelesen. Vom Bahnhof Turgi aus gilt es, der Fährte zu folgen, die der Foxtrail-Fuchs in Zusammenarbeit mit dem Museum Aargau und der aargauischen Kantonalbank gelegt hat. Entgegen der Legende ist der Fuchs schlau und listig, aber nie hinterlistig. Seine Hinweise und Botschaften sind zwar ausgeklügelt, abwechslungsreich und immer wieder verblüffend – aber stets fair. Nicht zu schwer, aber auch nicht zu einfach. Etwas Grips braucht es allerdings schon, um die Fährte nicht zu verlieren. Und Teamwork. Und Nerven. Denn wenn man die Fuchs-Botschaften ungenau liest, können die Diskussionen, die sich daraus ergeben, die Beziehung auf eine harte Probe stellen.

Im Lauf der Verfolgung gelangt man an Orte, die sonst nicht zugänglich sind, betritt selbst denkmalgeschützten Boden und nimmt schon mal ungewöhnliche Posen ein. Das Grinsen allfälliger Beobachter muss man dabei einfach tapfer ignorieren! Ebenso Bemerkungen wie «Gewöhnlich kommen sie immer aus der anderen Richtung». Auch der beste Verfolger kann ja mal in die Irre gehen. Das Fazit von dreieinhalb Stunden über Stock und Stein: Eine unterhaltsamere und spannendere Art, die Gegend zu erkunden, kann man sich kaum vorstellen.

Adresse Der Wasserschloss-Trail startet beim Bahnhof Turgi. Die Tipps, die einen von Posten zu Posten führen, stehen auf den Unterlagen, die man nach der Buchung erhält. | **Anfahrt** Route 3 (Baden/Brugg) bis Turgi, rechts abbiegen (Richtung Untersiggenthal), nach der Unterführung links, bis zum Bahnhof weiterfahren | **Öffnungszeiten** April–Okt. Informationen und Buchung unter www.foxtrail.ch | **Tipp** Das psi forum in Villigen: Den kosmischen Teilchen-Dauerregen sehen, ausprobieren, wie der Sonnenkonzentrator funktioniert, die Protonen-Tumorbestrahlungstechnik verstehen – das kann man im Besucherzentrum des Paul Scherrer Instituts. Info unter www.psi.ch.

UEKEN

94 Der Bändeli-Laden
Ein Meer an Farben und Mustern

Es war einmal ein Gelatinehändler, der hatte einen Kunden, welcher mit Gelatine Baumwollfäden zu Bändern zusammenklebte. «Was für eine clevere Idee», dachte der Gelatinehändler, «das mache ich auch.» Die Männer wurden handelseinig, und van Spyk – so der Name des Händlers – begann Bänder zu kleben. «Spyk Bänder» gibt's noch heute. Die Gelatinebänder, sogenannte Bastbänder, ebenfalls. Allerdings sind sie längst nur noch ein Nischenprodukt in einem reichen Sortiment an Dekorbändern und Geschenkpapier.

«Ich kann mich nicht entscheiden, die Auswahl ist einfach zu gross.» Die Kundin hat recht. Tüll? Organza? Baumwolle? Gelb mit orangefarbenen Schmetterlingen? Rot mit weissen Tupfen? Oder doch eher uni pink beziehungsweise «shocking», wie die Farbe heisst? Shocking ist das Fabriklädeli wirklich, allerdings im positiven Sinn: unglaublich, wie viele verschiedene Bändeli – inklusive dem passenden Geschenkpapier – es gibt. Als eher simples Gemüt, das im Alltag bewusst gerade mal mit Sicherheitsgurt, Storenband, Paketschnur und Goldbändeli zu tun hat, ist man baff. Wen die Leute, die hier einkaufen, wohl alles beschenken? «Niemanden, daraus mache ich Tischdekorationen», sagt die Kundin. Darauf hätte man auch selbst kommen können: Geschenke, Dekorationen, Basteln – vielseitige Dinger, diese Bändeli.

Und extreme Trendprodukte. Eine neue Frühlings- und eine neue Weihnachtskollektion jedes Jahr sind ein Muss. Die Endkunden freut's. Um Platz für die Neuheiten zu schaffen, ist die Firma gezwungen, ständig Produkte aus der Kollektion zu nehmen, die sonst nur dem Fachhandel offensteht. Statt die ausgeschiedene Ware wegzuwerfen, hat sie das Fabriklädeli eingerichtet. Ein echter Geheimtipp; auch was die Preise angeht. Was an den dort erhältlichen Artikeln allerdings nicht mehr trendy sein soll, bleibt das gut gehütete Geheimnis der Firmenleitung.

Adresse Hauptstrasse 10, 5028 Ueken | **Anfahrt** A 3 (Ausfahrt 17 Frick), Richtung Aarau/Ueken, der Hauptstrasse bis zur Nummer 10 in Ueken folgen | **Öffnungszeiten** März, April Fr 10–12 und 14–18.30 Uhr, Sa 10–16 Uhr, Okt.–Dez. zusätzlich Mi 10–12 und 14–18.30 Uhr, Info unter www.spyk.ch/web/shop/neuigkeiten.html | **Tipp** Der Ballon-Müller in Herznach: Mehr Latex- und Folienballons an einem Ort gibt es kaum in der Schweiz. Info unter www.ballon-mueller.ch.

95 — Die Mondsichelmadonna
Eine Muttergottes geht baden

Dass sie einmal baden geht, hätte sich die Madonna auf ihrer Mondsichel wohl in ihren kühnsten Träumen nicht ausgemalt. Erst recht nicht, dass sie dabei das Jesuskind und ihr Gesicht verliert. Immerhin ist sie seit ihrer Entstehung anno 1520 bis zum Herbst 2001 nie aus Uerkheim weggekommen. Wie und warum auch, schliesslich verziert sie zusammen mit vier weiteren Glasgemälden die Chorfenster der reformierten Dorfkirche.

Im besagten Herbst aber bekam die Madonna Besuch. Nicht von irgendwem, sondern von Stéphane Breitwieser. Hätte die Polizei schon damals über den besonderen Zwang des Elsässers Bescheid gewusst, wäre dem Kunstwerk vieles erspart geblieben. Sie erfuhr es erst zwei Monate später; das kostete der Madonna den Kopf.

Breitwieser ist Sammler aus Leidenschaft. Mehr als 117 Museen, Schlösser, Kirchen und Auktionshäuser in sieben europäischen Ländern können ein Lied davon singen, denn Breitwieser machte ihnen ab 1994 gezielt seine Aufwartung. War der Zutritt kostenpflichtig, kaufte er sich eine Eintrittskarte. Ging er wieder, war sein ehemaliges Kinderzimmer in der Regel um ein Kunstwerk reicher. Mindestens 239 Mal nahm er bei seinem Abgang ein Gemälde oder ein Objekt unter der Jacke oder in der Louis-Vuitton-Tasche seiner damaligen Freundin mit. Gefiel ihm etwas, das für Jacke oder Tasche zu gross war – beispielsweise der flämische Wandteppich mit seinen dreieinhalb auf dreieinhalb Metern –, warf er es aus dem Fenster.

2001 wurde Breitwieser erwischt. Als seine Mutter davon erfuhr, entledigte sie sich der 20-Millionen-Euro-Sammlung des Sohnes auf ihre Art: Die Gemälde wanderten angeblich zerstückelt in den Müll; den Rest versenkte sie im Rhein-Rhône-Kanal. Vieles wurde dabei zerstört, so auch die Mondsichelmadonna. 2013 kehrte sie restauriert in ihre Kirche zurück. Breitwieser hingegen «sammelte» weiter und verbüsst inzwischen seine dritte Haftstrafe.

Adresse Reformierte Kirche, Hauptstrasse, 4813 Uerkheim | **Anfahrt** A1 (Ausfahrt 49 Aarau-West), Richtung Schöftland, rechts abbiegen (Richtung Holziken), links abbiegen (Richtung Uerkheim), der Strasse bis Uerkheim folgen, vor der Kirche rechts (Richtung Zofingen), sogleich links abbiegen auf den Parkplatz | **Tipp** Das Tattoo-Studio: An der Hauptstrasse 293 sticht Tobias Pohl Schädel und anderes unter die Haut. Info unter www.steelandcolourtattoo.com.

UNTERLUNKHOFEN

96 — Der Gipfelstürmer Kaffee
Die Kaffeeaufbrüh-Zeremonie

Kaffee gilt als Genussmittel. Doch wie oft geniessen Sie Ihren Kaffee wirklich? So wirklich wirklich? Läuft Ihr Morgenritual nicht auch eher wie folgt ab: Kapsel in die Maschine, Knopf drücken und das Gebräu im Stehen hinunterstürzen? Dabei geht's auch anders, wie Simone Ernst und Denise Morf beweisen. Slowkaffeemässig, mit langsam geröstetem Spezialitätenkaffee statt schockgerösteter Massenware und Filterkaraffe statt Hightechmaschine.

Angefangen hat alles mit einer Reise nach Hawaii und dem Einblick in die Kultur des Kaffeetrinkens. Dass Tee mehr ist als gefärbtes Wasser und dass man seine Zubereitung und seinen Genuss richtiggehend zelebrieren kann, hat sich herumgesprochen. Dass dies auch für Kaffee gilt, ist weniger bekannt. Dabei ist Kaffee der Aromaweltmeister unter den Nahrungsmitteln. Seine Geschmacksvielfalt ist riesig. Nicht nur von Varietät zu Varietät; auch ein und dieselbe Sorte schmeckt unterschiedlich, je nach Anbaugebiet, Aufbereitung – also Art und Weise, wie die Kaffeebohne vom Fruchtfleisch getrennt wird –, Röstgrad, Mahlgrad, Zubereitung und so weiter.

Um diese Erfahrung mit den Bekannten in der Schweiz zu teilen, beschlossen Ernst und Morf, das Rösthandwerk von der Pike auf zu lernen. «Gipfelstürmer Kaffee» war geboren. Zunächst belieferten die Frauen mit ihren Röstungen nur die Gastronomie. Dann verwandelten sie einen olivgrünen 1978er-VW-Bus der Armee in ein gipfelstürmerblaues Cateringbijou und zeigten auch den Endkunden, wie vielfältig Kaffee schmecken kann. Die jeweiligen Gastgeber und deren kaffeetrinkende Gäste freut's, schliesslich heisst es nicht umsonst: Kaffee gut, Anlass gut.

Der ideale Ort, um die verschiedenen Gipfelstürmer Kaffees zu verkosten, ist übrigens das «Benzin & Koffein» an der Aemtlerstrasse 48 in Zürich. Wer mag, kann sich dort en passant gleich noch mit Motorrad- und Kaffeeaccessoires eindecken.

Adresse Gipfelstürmer Kaffee, Rösterei & Catering, Zugerstrasse 20, 8918 Unterlunkhofen, www.gipfelstuermerkaffee.ch, www.benzinundkoffein.ch | **Anfahrt** Route 1 (Bern/Lenzburg) bis Bremgarten, in Bremgarten rechts (Richtung Baden/Bremgarten-Zentrum), beim Obertorplatz links (Zugerstrasse), der Strasse bis Unterlunkhofen folgen | **Öffnungszeiten** nach Vereinbarung | **Tipp** Das Klosterlädeli in Hermetschwil: Die Abtei selbst kann man nicht besichtigen, dafür kann man im Lädeli einkaufen. Öffnungszeiten unter www.kirche-hermetschwil.ch/kloster-st-martin/klosterladeli.

UNTERLUNKHOFEN

97 Die Keltengräber
Die Totenstadt beim Holzlager

Behörden und ihre Auflagen, davon kann wohl jeder ein eher genervtes Lied singen. In gewissen Situationen sind die Argusäugigen jedoch ein Segen. Man darf gar nicht daran denken, was ohne sie aus Grabhügel 63 geworden wäre, damals, in den Siebzigern, als man begonnen hatte, ihn abzutragen. Die Kelten werden dem Kanton ewig dankbar sein dafür, dass er in Sachen «Grabhügel gegen Holzhalle» seine schützende Hand über sie gehalten hat und – wie der Archäo-Astronom Richard Walke berichtet – die Rekonstruktion des Hügels verlangte. Heute steht die Holzhalle wenige Meter nordwestlich des grössten der 63 Grabhügel. Schöner wäre der Ort zwar ohne Holzlager, aber jä nu.

Auf der von Brombeeren und Unterholz überwachsenen Kuppe von Hügel 63 befinden sich zwei kleine Menhire. Der eine hat etwas Tierähnliches. Ob er eine Kuh darstellt? Oder ein Schaf? Die Kelten, die zwischen 770 bis 700 vor Christus hier bestattet wurden, auf dem grössten je in der Schweiz entdeckten Friedhof der älteren Eisenzeit, geben dazu keine Auskunft. Auch darüber, wo sie ihr Leben verbracht haben, schweigen sie sich aus. Nirgends in der Umgebung wurden Siedlungsspuren aus der betreffenden Zeit gefunden. Mit Sicherheit kann man aber sagen, dass die Menschen schon damals wussten, was eine schöne Aussicht ist. Ob die Toten das Alpenpanorama während ihres Aufenthalts im Bärhau allerdings geniessen konnten, ist eine andere Frage.

Eine Herausforderung für sich ist es, sämtliche Grabhügel zu identifizieren, die auf der Infotafel aufgezeichnet sind. Ohne dornen- und zeckensichere Kleidung geht man die Aufgabe lieber nicht an, denn das Gräberfeld ist von Unterholz und Jungwuchs bedeckt. Zudem übersieht man die kleineren Hügel leicht oder interpretiert sie als natürliche Erhebung.

Ob aktiv suchen oder einfach nur schauen: Falls der Hunger kommt, sitzt es sich an der Feuerstelle bei den Hügeln 61 und 62 gut.

Adresse im Bärhau, 8918 Unterlunkhofen | **Anfahrt** Route 1 (Bern/Lenzburg) bis Bremgarten, in Bremgarten rechts (Richtung Baden/Bremgarten-Zentrum), beim Obertorplatz links (Zugerstrasse), der Strasse folgen, in Unterlunkhofen 1. Strasse links (Oberwilerstrasse), 1. Strasse rechts (Laupenackerstrasse), 2. Strasse links (Alte Zürcherstrasse), der Strasse am Erlihof vorbei in einem grossen Bogen zur Holzhalle folgen | **Tipp** Der Flachsee: Feldstecher für die Beobachtung im Wasservogelreservat nicht vergessen.

98 Das Stroppel-Areal
Neues Leben in alter Hülle

Manche Dinge kennt man, ohne zu wissen, dass man sie kennt. Das Stroppel-Areal zum Beispiel. Das «Bestattungsinstitut», in dem Luc Conrad die zumeist gewaltsam aus dem Leben geschiedenen «Leichen» herrichtet, befindet sich nämlich auf dem ehemaligen Industriegelände im Mündungsgebiet von Aare, Reuss und Limmat. Lange bevor das Schweizer Fernsehen das Gebäude für den «Bestatter» entdeckt und in das «Bestattungsinstitut Conrad» verwandelt hat, erhitzte darin ein Kohleofen das Wasser für die Zwirnerei «Coats Stroppel AG».

Auf andere Art kennt das Areal, wer schon um das «Wassertor» in Lauffohr gekreiselt ist. Das Kreiselkunstobjekt ist nur eines von vielen Werken, die der Bildhauer Ruedi Sommerhalder im ehemaligen Wasseraufbereitungsgebäude der Zwirnerei geschaffen hat, inspiriert von der besonderen Ausstrahlung des Ortes.

Die stillgelegte Fabrikanlage ist wirklich speziell. Einerseits, weil sie mit Wasserkraftwerk und Gebäuden wie den einst als Spulerei, Färberei, Winderei, Meisterhaus, Direktorenvilla oder Arbeiterhaus genutzten Bauten ein industriegeschichtlich interessantes Ensemble bildet. Sogar ein Mädchenheim für ledige Mütter, die man in Italien für die Arbeit bei Stroppel angeworben hatte und in dem heute Asylanten leben, ist vorhanden. Ebenso ein Wasserturm auf dem Dach der Zwirnerei; die Sprinkleranlage ist zwar abgestellt, der Turm aber nach wie vor wassergefüllt. Andererseits, weil sie 1995 umgenutzt wurde und seither verschiedenen Künstlern und Kleinstgewerbetreibenden als Atelier, Werkstatt, Kursraum oder auch Wohnraum dient. Im Garnhaus, das Sommerhalder aufwendig renoviert hat, finden zudem immer wieder öffentliche Veranstaltungen und Ausstellungen statt. Seit 2014 beherbergt es auch eine Dauerausstellung mit Material aus dem Firmenarchiv.

Ein Restchen «Coats Stroppel AG» hat übrigens überlebt – allerdings nur als Teilzeitbüro für den Verkauf.

Adresse Stroppelstrasse, 5417 Untersiggenthal | **Anfahrt** Route 5 (Koblenz/Brugg) bis Siggenthal, Richtung Baden/Untersiggenthal weiterfahren, 2. Strasse rechts (Rooststrasse), nach dem Bahnübergang links (Stroppelstrasse) | **Öffnungszeiten** individuell, hier eine Auswahl von Kunstschaffenden und Angeboten: www.garnhaus.ch (Veranstaltungen, Catering, Bootstouren), www.moser-art.ch, www.john-n-myers.com (Malerei), www.mariaschmid.ch, www.sabrina-photoshooting.ch, www.malo-fotodesign.ch (Fotografie), www.eliane-zgraggen.ch (Kunst) | **Tipp** Die Gämsen am Geissberg in Villigen: Etwas Glück braucht es schon, um den Alpentieren zu begegnen; sie gedeihen hier allerdings prächtig.

99 Der Mohrenkopf Dubler
151 politisch unkorrekte Kalorien

Der Gang der Geschichte kann wirklich grausam sein: Da sterben die Herren von Waltenschwil doch tatsächlich noch vor der Gründung der Eidgenossenschaft aus – und damit ohne je einen Dubler Mohrenkopf genossen zu haben. Wenigstens gab es damals das heilkräftige Brünneli bei der Angelsachsenkapelle bereits. So hatten die von Waltenschwil zumindest keine Kopfschmerzen, wenn sie schon keine Mohrenköpfe hatten.

Die Mohrenköpfe von Dubler seien die besten im Land. Ein Biss in den weiss-braunen Gupf, und man hält dies durchaus für möglich. Echt lecker, die Eiweissschaum-Kreation. Wer sich selbst davon überzeugen will, drückt am besten auf den Klingelknopf beim Direktverkaufsschalter und ersteht eine Schachtel; oder zwei; oder drei. Man kann die folienverpackten Mohrenköpfe nämlich problemlos einfrieren. Der Postversand jedoch ist nach wie vor ein ungelöstes Problem.

Ist man vor Ort, sollte man die Gelegenheit für einen Gang durch die Produktionshalle nutzen. Allerdings wird je nach Jahreszeit unterschiedlich streng produziert. Um ganz sicher zu sein, dass die Produktion läuft, ruft man vor dem Besuch besser an.

Beim Mohrenkopf ist am Anfang nicht das Wort, sondern der Waffelboden. Auf diesen dressiert eine unermüdliche Maschine aus Holland die Eiweiss-Glukose-Füllung. Bis zu 60.000 Portionen pro Produktionstag. Auf dem Förderband durchläuft der «nackte» Eiweisshügel einen ersten Kühlkanal. Danach wird er mit dunkler, zartbitterer Schokolade beduscht und darf ein zweites Mal abkühlen, bevor eine der beiden Verpackungsmaschinen ihn in goldglänzende Aluminiumfolie wickelt. Auf vorherige Anfrage ist es übrigens auch möglich, statt eines ganzen Mohrenkopfs nur die Füllung zu kaufen. Wem also an Ostern der Sinn nach Mohren- statt nach Osterhasen steht ... «Und wer hat's erfunden?» Alles spricht für die Deutschen. Oder waren es am Ende doch die Herren von Waltenschwil?

Adresse Sandackerstrasse 1, 5622 Waltenschwil, www.mohrenkopfdubler.ch | **Anfahrt** Route 1 (Lenzburg/Wohlen) bis Wohlen, Richtung Waltenschwil weiterfahren, nach dem Kreisel beim Dorfeingang von Waltenschwil links (Sandackerstrasse) | **Öffnungszeiten** Fabrikverkauf Mo–Fr 9–11 und 14–17 Uhr | **Tipp** Der Freiämter Sagenweg: 12 Künstler stellen 12 Freiämter Sagen bildhaft dar. Der 800 Meter lange Weg beginnt beim Erdmannlistein.

WETTINGEN

100 — Das Affenbrünneli
Die Emigranten aus Zürich

Warum die Affen just nach Wettingen kamen und dort ausgerechnet auf die Lägern, bleibt noch herauszufinden. Ebenso, warum das Brunnenrelief gerade Affen zeigt – einen Pavian und einen Schimpansen, wenn man es genau nimmt, respektive je deren Kopf und Hand, den Pavian im Profil, den Schimpansen frontal. 1907, als das «Affenbrünneli» geschaffen wurde, hatte es zwar noch nicht so viele Hunde und Katzen in der Schweiz wie heute, doch allemal mehr als Affen. Auf den Brunnen dürften die Primaten allerdings stets die Nase vor den Hunden und Katzen gehabt haben. In Staufen zum Beispiel thront seit 1944 ein Äffchen auf dem Säulenstock des Dorfbrunnens von 1601. Der Affe in Basel trägt sogar Hemd und Hut. Er stammt aus dem 17. Jahrhundert und befindet sich im historischen Museum. Den Brunnen auf dem Andreasplatz ziert lediglich seine inzwischen zweite Nachbildung. Auch die französische Schweiz hat ihren Affenbrunnen. «La fontaine des trois singes», auf dem sich mindestens zwölf Affen tummeln, steht im «Parc du Denantou» von Lausanne.

Die Wettinger Affen waren einst in Zürich bei der ehemaligen Dratschmidli-Brauerei daheim. Gut möglich, dass deren Tage dort mit der Entstehung des Jugendkulturhauses «Dynamo» gezählt waren. Jedenfalls wurden sie Wettingen zusammen mit anderen Brunnen geschenkt. Wann und warum, war auf der Gemeindekanzlei nicht zu erfahren. Genauso wenig wie die Lage des Brünneli. Doch wie heisst es so schön: Nicht verzagen, die Jäger fragen. Die Jagdgesellschaft Wettingen-Ennetbaden konnte tatsächlich mit einer genauen Lagebeschreibung aufwarten. Wie und warum es den Brunnen ins Gebiet «Zindelen» auf die Flanke der Mittellägern verschlagen hat, wusste allerdings auch sie nicht zu sagen. Allein: Das «Affenbrünneli» existiert – im Wald hinter dem Hof im Tigelmoos, weit über den höchsten Quellenfassungen von Wettingen. Und wenn es regnet, enthält es sogar Wasser.

Adresse Am Affenbrünneliweg im Waldgebiet «Zindelen» an der Lägern, 5430 Wettingen | **Anfahrt** A 1/A 3 (Ausfahrt 56 Wettingen-Ost), links abbiegen (Richtung Wettingen), beim Autocenter Küng rechts (Märzengasse), 2. rechts (Aeschstrasse), nach dem Restaurant «zum Letzten Batzen» links (Eigistrasse), der Strasse bis zum Parkplatz folgen, auf dem linken Weg um den Hof im Tigelmoos herum und via Bergstrasse–Affenbrünneliweg zum Affenbrünneli gehen; nimmt man den Weg durch den Hof, trifft man unter anderem auf Damwild, Pfauen, Wildschweine, Eulen und Affen | **Tipp** Gratwandern auf der Lägern: Die Wanderung von Dielsdorf über Regensberg, die Ruine Altlägern und das Burghorn nach Baden lohnt, ist aber nicht ungefährlich.

101 Das Figurentheater
Ein Keller voller Geschichten

«Gluurig» bedeute in Wettingen so viel wie «unsauber, unordentlich», ist in den «Badener Neujahrsblättern» von 1974 im Zusammenhang mit der Umgestaltung des Gluri-Suter-Hauses zu lesen. Davon, dass in und um den Fachwerkbau einst eine eher unappetitliche Unordnung geherrscht haben soll, ist längst nichts mehr zu sehen. Heute ist das ehemalige Weinbau- und Dreisässenhaus ein Schmuckstück. Dreisässig ist es auf seine Art noch immer, bloss vereint es nicht mehr Wohnteil, Stall und Scheune unter einem Dach, sondern Galerie, Kindergarten und Figurentheater. Vielleicht ist der Name, den der Volksmund dem Gebäude einst gegeben hat, aber doch passender als gedacht. Gemäss dem «Schweizerischen Idiotikon» bedeutet «g'lûren» nämlich unter anderem auch «scharf sehen», «ausspähen». Das sollte unbedingt tun, wer das kleine Kellertheater besucht: Genau hinschauen und sich in den Bann ziehen lassen von dem, was auf der Bühne geschieht.

Als klassisches Marionettentheater gestartet, hat sich das Figurentheater – wie der Name sagt – im Verlauf der Jahre anderen Formen geöffnet. Vom Abwaschbürstchen über den Bodenschrupper oder das Spielzeugauto bis hin zum ad hoc gefalteten Zeitungspapier: Praktisch alles kann zur Spielfigur werden. Und es ist gleichermassen überraschend wie faszinierend, zu beobachten, wie es dieser Theaterform gelingt, trotz oder vielleicht gerade wegen einer gewissen Reduziertheit die medial übersättigten Kinder des 21. Jahrhunderts zu fesseln. Apropos Kinder: Das Figurentheater richtet sich keineswegs nur an sie. Im Gegenteil: Einzelne Stücke sind nur für Erwachsene. Wen das befremdet, gönne sich unbedingt eine Vorstellung. Vielleicht ergeht es ihm ja wie Goethe, nachdem dieser das Puppenspiel von Doktor Faustus sah, und das Schauspiel klingt und summt ebenfalls lange Jahre vieltönig in ihm wider. Wohin der Widerklang bei Goethe schliesslich geführt hat, ist hinlänglich bekannt.

Adresse Figurentheater Wettingen, Gluri Suter Huus, Bifangstrasse 1, 5430 Wettingen | **Anfahrt** A1/A3 (Ausfahrt 56 Wettingen-Ost), links abbiegen (Richtung Wettingen), der Strasse bis zum Parkhaus folgen (Landstrasse 99), zu Fuss die Landstrasse zurückgehen, 1. Strasse links (Kirchstrasse), 2. Strasse rechts (Bifangstrasse) | **Öffnungszeiten** Spielplan und Informationen zum Theaterdinner unter www.figurentheater-wettingen.ch | **Tipp** Spielen wie die Römer in Brugg: Im Gruppenworkshop des Museums Vindonissa werden Spiele wie das ludus latrunculorum ausprobiert. Info unter 056/4412184.

102 Der Gasthof Sternen
Ora et ede – Bete und iss

«Viel Lärm um nichts», vermeldet das Plakat. Dabei kann von Lärm nicht die Rede sein. Angeregtes Gemurmel und Besteckgeklapper sind zu hören – schliesslich ist Mittagszeit, und die Tische unter den Sonnenschirmen sind alle besetzt. Das Plakat bezieht sich allerdings auch nicht auf den Gasthof, sondern wirbt für die Klosterspiele, in deren Rahmen bis in den August hinein die Komödie von Shakespeare aufgeführt wird.

Der Himmel leuchtet azurblau, die Sonne scheint warm, wie es sich für einen Tag im Juli gehört, und das Brunnenplätschern untermalt die Unterhaltung der Sternengäste. Wüsste man es nicht besser, man hielte es für unmöglich, dass – wie Shakespeare sagen würde – einiges faul ist in der Welt. Über dem Klosterplatz liegen Ruhe und Frieden. Das kommt nicht von ungefähr. Von 1227 bis 1841 wurde auf der Limmathalbinsel hingebungsvoll gebetet; vielleicht auch noch später, als das Zisterzienserkloster «Maris Stella» längst zu einem Lehrerseminar und dann zu einer Kantonsschule geworden war.

Ganz bestimmt wurde hier immer gegessen. In den Anfangszeiten, als sich am Platz des heutigen Sternens die Klostertaverne für die Bauleute befand, wohl wesentlich einfacher und deutlich weniger gut als heute. Ab 1254 diente die Taverne als Gasthaus für die weiblichen Besucher der Klosterbewohner. Frauen war der Zutritt zum Inneren des Klosters nämlich strengstens verboten. Die dicken Erdgeschossmauern im Süd- und Nordosten des Gasthofs stammen noch aus dieser Tavernen- und Weiberhauszeit. Der Hauptteil des aktuellen Mauerfachwerkbaus entstand jedoch im 17. Jahrhundert. Durchaus bedenkenswert übrigens, dass die Klostergemeinschaft die Zeit nicht überdauert hat, während der Gasthof nach wie vor besteht – als ältestes Wirtshaus der Schweiz, wie Pächter Walter J. Erni betont. Solches dürften die Berner nicht gern hören. Aber hélas, der Bären in Münsingen stammt nun mal «erst» von 1371.

Adresse Klosterstrasse 9, 5430 Wettingen, www.sternen-kloster-wettingen.ch, Tel. 056/4271461 | **Anfahrt** A1 (Ausfahrt 55 Neuenhof/Baden), Richtung Wettingen, beim Lichtsignal dem Wegweiser «Kloster Wettingen» folgen | **Öffnungszeiten** Mo–Fr 8.30–24 Uhr, Sa 15–24 Uhr, So 10–24 Uhr | **Tipp** Die Klosterhalbinsel: Die Klosterkirche ist von März–Okt. Mo–Sa 10–17 Uhr, So 12–17 Uhr geöffnet. Info unter www2.kanti-wettingen.ch.

103 — Der Rabenkreisel
Die jungen Schwarzen in ihrer Loge

In Wettingen schicken die Mütter ihre Kinder mit den Krähen schlafen. Kommen die Rabenvögel angeflogen, ist es Zeit fürs Bett. Zu Hunderten fliegen die Tiere beim Einnachten über das Wettinger Feld, schwenken kurz vor Neuenhof ins Tägerhard hinüber und verbringen dort die Nacht. Warum, bleibt ihr Geheimnis.

Vier der gewitzten Kerle hocken seit 2005 mitten im Wettinger Verkehr. Ihr Schwemmholznest ähnelt einem geflochtenen Ufo, damit man die Raben beziehungsweise deren herausgestreckte Köpfe gut sieht, hat der Bildhauer Alex Schaufelbühl die Nestkugel bewusst flach gestaltet. Vielleicht tat er dies aber auch, damit die Vögel ihre Umgebung besser im Auge behalten können. Ganz klar ist nämlich nicht, wer hier eigentlich wen beobachtet: wir die Raben oder die Raben in ihrer Loge uns. Fällt das Sonnenlicht auf die vier garstigen Gesellen, schimmern sie in intensivstem Schwarz. Was keine Holzlasur so perfekt vermöchte, schafft die geflammte Eichenholzoberfläche: den irisierenden Glanz des Rabengefieders täuschend echt einzufangen.

Zweimal sind die Vögel bisher auch geflogen. Einmal – ungeplanterweise – mitsamt Nest. Nachdem das letzte Schwemmholzteil festgeschraubt war und jeder Rabe an seinem Platz sass, sollte der Kreiselschmuck von Schaufelbühls Atelier bei der Reussbrücke Gnadenthal an seinen Bestimmungsort gebracht werden. Doch das fertig montierte Kunstwerk passte nicht mehr durch die Ausfahrt. Ein Stapler musste her, der die 2,5 Tonnen vom Gelände hob. Den zweiten Flug unternahmen die Raben 2012 während des Stadtfests Baden. Zwei Wochen blieb das Nest verwaist; kaum war das Fest vorbei, waren die Vögel zurück. So sehr, wie die Wettinger die Nestlinge ins Herz geschlossen haben, erstaunt es nicht, dass deren Spritztour rege diskutiert wurde. Die Raben selbst schweigen. Herausfordernd wie eh und je beobachten sie die Welt und denken sich ihre Sache.

Adresse Kreuzung Staffelstrasse-Landstrasse, 5430 Wettingen | **Anfahrt** A 1/A 3 (Ausfahrt 56 Wettingen-Ost), links abbiegen (Richtung Wettingen), der Strasse bis zum Rabennest folgen | **Tipp** Das Elektromuseum Kappelerhof in Baden: Im ehemaligen Kraftwerk im Roggebode 19 ist noch der Antrieb der Turbinengeneratoren mittels Holzzahnrädern zu sehen.

104_Das Ryokan Hasenberg
Japanischer ist der Aargau nirgends

Was haben Amsterdam, London, Paris und Widen gemeinsam? Man kann den Abend mit einem authentischen Kaiseki-Menü zelebrieren, zubereitet von einem Sterne-Koch. Die traditionelle japanische Kaiseki-Küche ist in jeder Hinsicht speziell. Wesentliche Merkmale sind etwa, dass sie nur von Köchen beherrscht wird, die in Japan bei einem Meisterkoch während mindestens zehn Jahren ausgebildet wurden; dass ein Menü bis zu 14 Gänge umfassen kann und stets einen Bezug zur herrschenden Jahreszeit hat; dass die Inszenierung der einzelnen Gerichte auf dem Teller wesentlicher Bestandteil des Genusses und ein ästhetisches Kunstwerk für sich ist; oder dass die Zubereitungsart das Wesen eines jeden Produkts so rein wie möglich zum Ausdruck bringen soll. Scharf Gewürztes und stark Gesalzenes sucht man folgerichtig vergebens. Dafür ist selbst die Qualität des verwendeten Wassers von Bedeutung. Das harte Widener Wasser und eine perfekte Dashi-Suppe beispielsweise sind unvereinbar; daher wird sie im «Usagiyama», dem Kaiseki-Gourmet-Restaurant des «Ryokan Hasenberg», mit dem weicheren Zürcher Seewasser zubereitet. Interieur, Ambiance und Bedienung entsprechen dem Essen und sind ebenfalls authentisch japanisch. So viel Perfektion hat ihren Preis. Gar ein kleines Vermögen zahlt, wer sich für die Menüvariante mit Wagyu entscheidet, dem Rolls-Royce unter den Rindern.

Günstiger ist das Japan-Erlebnis in den beiden anderen Restaurants des «Ryokan Hasenberg» zu haben. An der Sushibar werden die Köstlichkeiten vor den Gästen zubereitet, und im «Restaurant Hasenberg» gibt es japanische Küche à la carte – Alpenblick inklusive.

In den japanischen Ryokan-Suiten mit Teezeremonienzimmer, Schilfboden und Futon zum Schlafen lässt sich zudem stilecht übernachten. Das Wasser in den privaten Aussenwhirlpools der Zimmer ist übrigens NICHT original japanisch; es stammt aus der Thermalquelle Baden.

Adresse Hasenbergstrasse 74, 8967 Widen | **Anfahrt** Route 1 (Lenzburg/Mutschellenpass) bis Berikon, rechts abbiegen (Richtung Widen), im Kreisel 1. Ausfahrt (Hasenbergstrasse) | **Öffnungszeiten** und Info unter www.hotel-hasenberg.ch | **Tipp** Das Museum Reusskraftwerk Bremgarten: Nach telefonischer Vereinbarung unter Tel. 056/6484455 erhalten Interessierte unter anderem einen Einblick in die Entwicklung der Wasserkraft vom Mittelalter bis zum frühen 19. Jahrhundert.

WINDISCH

105 Der Aaresteg Mülimatt
Ein Biber aus Stahl und Beton

Bauherrin ist die Stadt Brugg, Eigentümerin die Gemeinde Windisch und die Projektidee stammt aus Chur. Insofern überwindet der Aaresteg sowohl Gemeinde- wie auch Kantonsgrenzen, ist also typisch schweizerisch-föderalistisch. Seit 2010 verbindet der Fussgänger- und Velosteg den linksufrigen Geissenschachen, unter anderem Ausbildungsgelände des Waffenplatzes der eidgenössischen Genietruppen, mit dem rechtsufrigen Sportausbildungszentrum Mülimatt. «Biber» – so der Projektname – war wohl als Anspielung auf den Nager gedacht, der sich in der umliegenden Auenschutzzone wieder angesiedelt hat.

Wie ein Biber sieht die mehrfeldrige Spannbandbrücke nicht aus, eher wie ein elegant geschwungener Schwanenflügel. In etwa so fühlt sie sich auch an. Begeht man sie, beginnt sie leicht zu schwingen. Nicht überall auf der Brücke nimmt man dies gleichermassen wahr. Das sensible Gleichgewichtsorgan jedoch registriert die Schwingung selbst dann, wenn man bewusst nichts spürt. «Da stimmt was nicht», meldet es dem Grosshirn. Prompt beschleicht einen ein leichtes Unbehagen.

Das drei Meter breite Betonband ist auf zwei Widerlagern an den Brückenenden verankert und wird dazwischen durch drei Stahlsattelrahmen abgestützt. 78 Meter beträgt die Hauptspannweite, mit einem Durchhang von einem Meter zwanzig; die drei verbleibenden Stegfelder haben eine Spannweite von je 35 Metern. Der Steg sei der erste und laut «Tourismus Region Brugg» auch der längste seiner Art in der Schweiz – allerdings nicht mit 217 Metern, wie es kurzzeitig hiess, sondern «bloss» mit 183 Metern. 217 Meter beträgt die Gesamtlänge der geraden Wegverbindung.

2011 erhielt der Steg den Aargauer Heimatschutzpreis. Hervorgehoben wurde unter anderem die Beleuchtungsgestaltung. Tatsächlich erzeugen die nach unten gerichteten LED-Lampen einen reizvollen Effekt, ohne die Umgebung übermässig mit Licht zu verschmutzen.

Adresse im Geissenschachen, 5210 Windisch | **Anfahrt** Route 3 (Baden / Frick) bis Brugg, vor der grossen Ampel-Kreuzung rechts (Ländistrasse), 2. Strasse rechts (Geissenschachen) und bis zum Parkplatz fahren, die Strasse weitergehen, rechts abbiegen | **Tipp** Die Brückenwanderung im Wasserschloss: Der Aaresteg ist Brücke Nummer 2 der Wanderung über sieben Brücken aus drei Jahrhunderten. Info unter www.regionbrugg.ch.

106 Die Gartenkegelbahn
Kegeln im Schmuckstück

Filigran hebt sich das Gebäude mit der Nummer 272 vom Grün der Umgebung ab. Mit seinen verschiedenen Giebeln und der Leichtbauweise wirkt es trotz des dunklen Holzes verspielt. Es ist nicht hoch und auch nicht breit, dafür lang gestreckt.

Falls Sie schon einmal durch die Aussenanlage der Psychiatrischen Klinik Königsfelden zur Klosterkirche spaziert sind – zum Beispiel, um die Glasfenster aus dem 14. Jahrhundert anzuschauen –, sind Sie vielleicht daran vorbeigegangen, ohne es bemerkt zu haben. Unmöglich? Das sagen Sie. Sie glauben gar nicht, woran man tagtäglich vorübergeht, ohne es zu sehen. Oder Sie haben das Bauwerk gesehen, wussten aber nicht, wozu es dient. Auch damit wären Sie nicht allein.

Nicht allen, die auf ihrem Weg durch den Park auf den Holzbau stossen, erschliesst sich auf Anhieb dessen Zweck. «Eine Art Hochzeitskapelle?», mutmasst jemand, als er danach gefragt wird. Geheiratet wird hier nicht. Aber gekegelt. Und das seit 1872. Der erste Direktor, Edmund Schaufelbühl, hatte die Kegelbahn bereits bei der Planung der Klinik fest traktandiert. Wenn die Patienten schon längere Zeit auf dem Areal bleiben mussten, sollten sie wenigstens ihre Freizeit angemessen verbringen können, so sein Credo. Die Bahn wurde in der Folge eifrig genutzt.

Ruedi F., langjähriger Patient und Klinikreporter, wie er sich selbst bezeichnete, hielt dies auf pfiffige Art und Weise in einer Bleistiftzeichnung fest. Dabei liess er sich weder von Raum noch Zeit einschränken. Als er gewahrte, dass die Kegelbahn so, wie er sie zu zeichnen begonnen hatte, für den Papierbogen zu lang war, zeichnete er sie kurzerhand über Eck weiter. Und statt sich auf eine Momentaufnahme des Kegelgeschehens zu beschränken, packt er alle wichtigen Spielstadien in ein und dasselbe Bild. Das Ergebnis ist eine Art gemalter Videoloop und ein kleines Meisterwerk der (Psychiatrie-)Kunst.

Adresse Psychiatrische Klinik Königsfelden, Zürcherstrasse 241, 5210 Windisch | **Anfahrt** Route 5 (Koblenz / Aarau) bis Brugg, bei der grossen Kreuzung links und über die Brücke (Richtung Zentrum), bei der Ampel in der Unterführung links (Richtung Zürich / Baden), im Kreisel rechts, im Parkhaus an der Bahnhofstrasse 6 parkieren, die Zürcherstrasse überqueren, den Park von Königsfelden betreten, den Wegweisern «Kloster Königsfelden / Legionärspfad» folgen, die Kegelbahn liegt unweit des Klosters | **Tipp** Der Legionärspfad Vindonissa: Zeigt Leben und Umfeld der römischen Legionäre.

107 — Die Emma Kunz Grotte
Das Ganze spüren

«Emma Kunz auf einer Seite darstellen? Unmöglich!» Damit hat Anton C. Meier, Gründer und Leiter des «Emma Kunz Zentrums», zweifellos recht. Die Forscherin, Heilpraktikerin und Seherin war so aussergewöhnlich und ihr Werk ist so tiefgründig, dass ihr selbst 100 Seiten nicht gerecht würden. Irgendwie passend für eine Frau, die äusserte, das Wort werde vom Menschen missverstanden und missdeutet. Konsequenterweise gab sie nie schriftliche Kommentare zu ihren Bildern ab – wobei «Bild» eine unzutreffende Bezeichnung für ihre streng geometrischen Darstellungen ist. Sie sind kein zu dekorativen Zwecken entstandener Wandschmuck, sondern Forschungsaufzeichnungen und Erkenntnisblätter. Stimmig ebenfalls, dass Emma Kunz vom Bund 1993 nicht mit Worten, sondern mit einer Briefmarke geehrt wurde – als erste Frau notabene.

Es gibt allerdings auch einen anderen Zugang zu Emma Kunz als über das Wort: jenen über die Erfahrung. «Wunder gibt es nicht – alles ist Gesetzmässigkeit!», sagte sie im Zusammenhang mit ihren Heilerfolgen. Diese Gesetzmässigkeiten erahnen, kann, wer die Grotte besucht. Zahlreiche biophysikalische Messungen haben bestätigt, was die Forscherin 1942 erkannte: Das Gestein ist von einer starken Energie durchdrungen, die den Menschen auf einer ganzheitlichen Ebene berührt. Vielleicht wussten dies bereits die Römer, die den Muschelkalk mit Hilfe von gewässertem Holz aus dem Felsen sprengten. Zahlreiche Bauten entstanden aus dem Gestein, etwa die Schweizerische Nationalbank in Zürich oder die Versicherungsanstalt in Aarau. Heute wird der Muschelkalk allein zur Gewinnung des von der «Interkantonalen Kontrollstelle für Heilmittel» anerkannten Mineralpulvers «Aion A» abgebaut.

Beste Erinnerungen an das Jahr 1942 und die ehemaligen Römersteinbrüche hatte wohl auch Maria Schell. Der Film «Steibruch», der damals dort mit Heinrich Gretler in der Hauptrolle gedreht wurde, eröffnete ihre Karriere.

Adresse Emma Kunz Zentrum, Steinbruchstrasse 5, 5436 Würenlos, www.emma-kunz.com | **Anfahrt** A 1/A 3 (Ausfahrt 56 Wettingen-Ost), Richtung Wettingen-Ost/Otelfingen, die 2. Strasse rechts (Richtung Zürich/Würenlos), die 5. Strasse links (Steinbruchstrasse) | **Öffnungszeiten** Die Grotte kann nur auf Voranmeldung unter Tel. 056/4242060 besucht werden. Das Museum ist Mo–Mi sowie Fr–Sa 14–17 Uhr geöffnet. | **Tipp** Die Schauwellensittich-Zucht in Würenlos. Info unter www.daniel-luetolf.ch.

ZEININGEN

108 Der Ägelsee
Aus der Kälte geboren

Damit es nicht zu enttäuschten Gesichtern kommt, ein Hinweis vorweg: Der Ägel- oder Egelsee, von dem hier die Rede ist, ist nicht identisch mit dem märchenhaften Natursee an der Ostflanke des Heitersbergs, in dem man auch baden kann. Baden dürfen im Toteisweiher auf dem «Möhliner Feld» nur Zwergtaucher, Wasserfrösche, Wasserläufer und Co. Das Amphibienlaichgebiet von nationaler Bedeutung steht nämlich unter Naturschutz. Seine Existenz verdankt es den sogenannten «grössten Vergletscherungen», der einzigen Kaltzeit, in der die Gletscher des Aare- und des Rheintals bis in das Möhliner Rheinknie vorgestossen sind. Nirgendwo sonst in der Schweiz gebe es eine schöner erhaltene Endmoräne der Rissvergletscherung mit zugehörigen Schottern, schreiben die geomorphologischen Fachleute von «Géotope suisse». Der Laie nickt stolz, bemerkt hat er die beiden Endmoränenzüge allerdings noch nie.

Bei ihrem Rückzug hinterliessen die Gletscher nicht nur Schotter; manchmal blieben auch einzelne Eisblöcke liegen. Sedimentmaterial lagerte sich darüber ab, das Eis schmolz, die Sedimente sackten nach unten: Ein «Toteisloch» entstand. Der lehmige Untergrund hinderte das Oberflächenwasser, das sich nach und nach in der Mulde sammelte, am Abfliessen.

Neben einem Brienzer- oder Vierwaldstättersee, wo die Gletscher Becken von 261 respektive 214 Metern Tiefe geschaffen haben, ist der Ägelsee zwar ein kümmerliches Etwas, doch auch der Kleine verdient Beachtung. Ohne Zu- und Abfluss so lange überlebt zu haben ist eine Leistung. Die meisten seiner Art verlandeten im Lauf der Zeit. Der Ägelsee hätte das gleiche Schicksal erlitten, hätte sich der «Natur- und Vogelschutzverein Zeiningen» nicht seiner angenommen. Dank dessen Fürsorge finden Amphibien und Wasservögel in der Weite des Möhliner Feldes nach wie vor eine winzige Lebensnische und Naturfreunde ein Bänklein, um sie zu beobachten.

Adresse beim Landhof 439, 4314 Zeiningen | **Anfahrt** A3 (Ausfahrt 15 Rheinfelden-Ost), bei der Ampel rechts (Richtung Möhlin/Rheinfelden), bei der nächsten Ampel rechts (Richtung Möhlin), durch Möhlin hindurchfahren und auf dem Möhliner Feld die 2. Strasse rechts abbiegen (Leihöliweg), der Strasse bis zum Hof nach der Eisenbahnlinie folgen (Landhof), danach rechts, nach wenigen Metern links, der mit Bäumen umstandene Ägelsee liegt rechter Hand | **Tipp** Die Elsbeere am Sonnenberghang: Sie ist die Letzte ihrer Art mit einem Umfang von mehr als zwei Metern. Am Dorfeingang von Möhlin auf die Wallstrasse einbiegen und bis zum Waldrand fahren. Der Baum steht bei einer Tankersperre am vierten Waldweg, der von der Maispracherstrasse abgeht.

ZOFINGEN

109 Das Nähcafé
Mit Power und Freude

Das Erste, was auffällt, ist nicht das Rattern der Nähmaschinen, sondern das Gelächter. Die gute Laune ist mit Händen zu greifen. Seelenbalsam pur. «Andere gehen zum Psychiater, wir gehen ins Nähcafé», sagt eine der Anwesenden. Tatsächlich kommen viele der Besucher nicht nur zum Nähen hierher, sondern auch, um in der gelösten Atmosphäre zu plaudern und einen Kaffee zu trinken. Das gilt übrigens nicht nur für Frauen. Diese sind zwar in der Überzahl, aber Mann näht durchaus; und hat Mann gerade eine projektfreie Zeit, schaut auch er gern einfach nur herein.

Das Nähcafé ist ein offener Ort, wohin kommen kann, wer mag, und wo jeder an seinen eigenen Nähereien arbeitet. Das Gute dabei: Man ist trotzdem nicht auf sich allein gestellt. Egal, ob es gilt, Mass zu nehmen, den Stoff zuzuschneiden, ein Modell abzuändern oder was immer gerade ansteht, fachkundige Unterstützung ist präsent. Verpflichtungen gibt es keine – bis auf einen kurzen Anruf vorab, um sich einen der vier bis maximal sechs Nähplätze zu reservieren. Wegen Verschüttungsgefahr wird der Kaffee übrigens nicht beim Nähen getrunken, sondern in der Pause.

Was vor 16 Jahren mit einem winzigen Stoffladen begann, hat sich zu einem ausgesprochen schönen und geräumigen Handarbeitsgeschäft mitten in der Altstadt entwickelt. Um so weit zu kommen und weiterhin bestehen zu können, braucht es viel Energie und immer wieder neue Ideen – wie jene des Nähcafés. «Es gibt Buchcafés, Erzählcafés, warum also nicht ein Nähcafé. Der Platz war ja da», sagt Christine Thalia Di Battista-Keller. Das nötige Fachwissen und ein endloser Fundus an Ideen ebenfalls. Neben idealen Nähcafé-Voraussetzungen bringt die ehemalige Handarbeitslehrerin auch zwei Nähmaschinenmodelle für geübte Finger mit: einen Schnellnäher aus den 1960ern und eine alte Industrie-Nähmaschine mit 380-Volt-Anschluss. Viel Freude, viel Power, eine sprudelnde Kreativität, was will man(n) mehr?

Adresse Stoffsache, Vordere Hauptgasse 53, 4800 Zofingen, www.stoffsache.ch | **Anfahrt** A1 (Ausfahrt 48 Oftringen), Richtung Zofingen, bei der grossen Kreuzung vor der Altstadt rechts (Untere Grabenstrasse), im Bahnhofparkhaus parkieren, zu Fuss die «Untere Grabenstrasse» überqueren und auf dem Fussweg (Pfistergasse) in die Altstadt gehen, die 2. Strasse links (Vordere Hauptgasse) | **Öffnungszeiten** Nähcafé Do–Fr 9.30–11.30 Uhr, Anmeldung unter Tel. 062/7517866 | **Tipp** Der Heiternplatz: Einst wurde auf dem von Linden eingerahmten Platz exerziert, heute wird dort gefestet.

110 Peter's Gwürzsack
Euphorie inklusive

«Ich liebe dich so sehr wie Salz», antwortet die Prinzessin dem Vater, nach dem Grad ihrer Liebe gefragt. Mit Schimpf und Schande vertreibt er sie aus dem Palast. Erst als im ganzen Reich kein Salzkorn mehr zu finden ist, erkennt er die Kostbarkeit des Gewürzes und bittet die Tochter um Vergebung.

Die wahren Gewürzgeschichten verliefen oft weniger märchenhaft. Gut für die Schweiz, war sie bloss Schauplatz eines Schokoladen- und nicht eines Muskatnusskrieges, wie ihn sich die Engländer, Spanier, Portugiesen und Niederländer im 16. Jahrhundert lieferten. Versuchte der «Schokoladenfabrikantenring» anno 1914 nachgerade human, dem Handel seine Bedingungen aufzuzwingen, wurde die Bevölkerung der indonesischen Banda-Inseln wegen der goldigen Gewürznuss kurzerhand ausgerottet.

Über Leichen gehen muss heute niemand mehr für Würze im Leben. Den «Gwürzsack» aufsuchen reicht. Dort kann man sich buchstäblich um die ganze Welt riechen, buhlen doch rund 500 Gewürze und Mischungen um Nase und Gaumen. Für all jene, die wissen wollen, was denn da so verführerisch duftet, liegen zudem zwei Lesebrillen bereit. Die Entscheidung fällt wirklich schwer. Soll es etwas Ganzes, Granuliertes, Gesiebtes oder Geschnittenes sein? Für Salat, Fleisch, Fisch, Dip, Kräuterbutter, Sossen oder fürs Dessert? Tasmanischer Pfeffer? Rüeblisalz? Orangenblüten? Ein mexikanisches Liebesgetränk? Oder etwas vom «scharfen Regal»? Hot sind sie, die Chilisossen und Tabascos aus Amerika, allen voran «The source» mit seinen 7,1 Millionen Scoville-Einheiten. Sehr lecker ist der Chili «Bhut Jolokia». Werden dessen 400.000 Scoville-Einheiten jedoch zu grosszügig über die Pasta gestreut, fährt das Pfeffer-High fast zu sehr ein. Kein Witz: Das konzentrierte Capsaicin des scharfen Chilis interpretiert das Gehirn als Schmerz und schüttet Endorphine aus. Da sage noch einer, Gewürze machten nicht euphorisch.

Adresse Vordere Hauptgasse 13, 4800 Zofingen, Tel. 062/7513838 | **Anfahrt** A 1 (Ausfahrt 48 Oftringen), Richtung Zofingen, bei der grossen Kreuzung vor der Altstadt rechts (Untere Grabenstrasse), im Bahnhofparkhaus parkieren, zu Fuss die «Untere Grabenstrasse» überqueren und auf dem Fussweg (Pfistergasse) in die Altstadt gehen, die 2. Strasse links (Vordere Hauptgasse) | **Öffnungszeiten** Di–Fr 9–12 und 13.30–18.30 Uhr, Sa 9–16 Uhr | **Tipp** Der AareLandWeg: In 30 Kilometern zu Fuss von Zofingen nach Aarau. Info unter www.aareland.ch.

ZOFINGEN

111 — Die Römerböden
Die Zeit bringt alles an den Tag!

«Die römischen Mosaikböden? Die finden Sie etwa 600 Meter von hier ausserhalb der Altstadt», sagt die Frau vom Stadtbüro. «Gehen Sie alles geradeaus, dann der Hauptstrasse entlang bis zum Boccalino und dann rechts.» Der Hinweis mit dem italienischen Restaurant entpuppt sich als Retter in der Not. Im Gegensatz zum verwaschenen Wegweiser an der Strassenecke springt das gelb gestrichene Haus gleich ins Auge – auch wenn es gross mit «Römerbad» angeschrieben ist. Irgendwo hier müssten die Mosaike sein. Angesichts der Einfamilienhäuser ringsumher melden sich Zweifel. «Sie sind schon richtig», beruhigt die Anwohnerin, die in der Frühlingssonne erste Gartenarbeiten verrichtet. «Bei der Abfalltonne links, und Sie stolpern darüber.» Tatsächlich steht neben dem Container nochmals ein Wegweiser, ähnlich unscheinbar und verblichen wie sein Zwilling an der Hauptstrasse.

Die offene Rasenfläche kommt trotz Wegweiser unerwartet. Inmitten der Häuser herrschen Weite und Ruhe. Zumindest das mit der Ruhe dürfte sich ändern, wenn der Kindergarten geöffnet ist. Dessen Spielplatz geht nämlich auf den Park hinaus. Kinder sind an diesem Vormittag jedoch keine zu sehen. Auch keine Erwachsenen. Nur einige Bäume. Und natürlich die beiden Schutzbauten – «im Stil griechischer Tempel», wie die Informationstafel ausführt. Griechische Tempel über römischen Mosaikböden? Das verstehe, wer will. «Die 1826 ausgegrabenen römischen Mosaikböden und die 1829 errichteten zwei Schutzgebäude stehen unter der Obhut der Schweizerischen Eidgenossenschaft», heisst es an der Aussenwand. Damit sind die Besitzverhältnisse geklärt.

Die drei unterschiedlich gemusterten Böden sind mit einer Gesamtfläche von rund 118 Quadratmetern nicht riesig. Sie weisen auch keine figurativen Darstellungen auf. Beeindrucken tun sie gleichwohl. Vollkommen ungestört auf Du und Du mit einem antiken Fussboden – das hat schon was.

Adresse Hirschparkweg 5, 4800 Zofingen | **Anfahrt** A 1 (Ausfahrt 48 Oftringen), Richtung Zofingen, bei der grossen Kreuzung vor der Altstadt leicht links, sofort die 2. Strasse rechts (Richtung Luzern/Sursee), links abbiegen (Richtung Luzern/Sursee), beim Restaurant «Boccalino» parkieren, dem Hirschparkweg wenige Meter folgen, links abbiegen auf den Fussweg zu den Mosaikböden | **Öffnungszeiten** täglich 9–17 Uhr | **Tipp** Per Geocaching von Zofingen nach Vordemwald. Info unter www.a-welle.ch, Rubrik «Erlebnis-Touren».

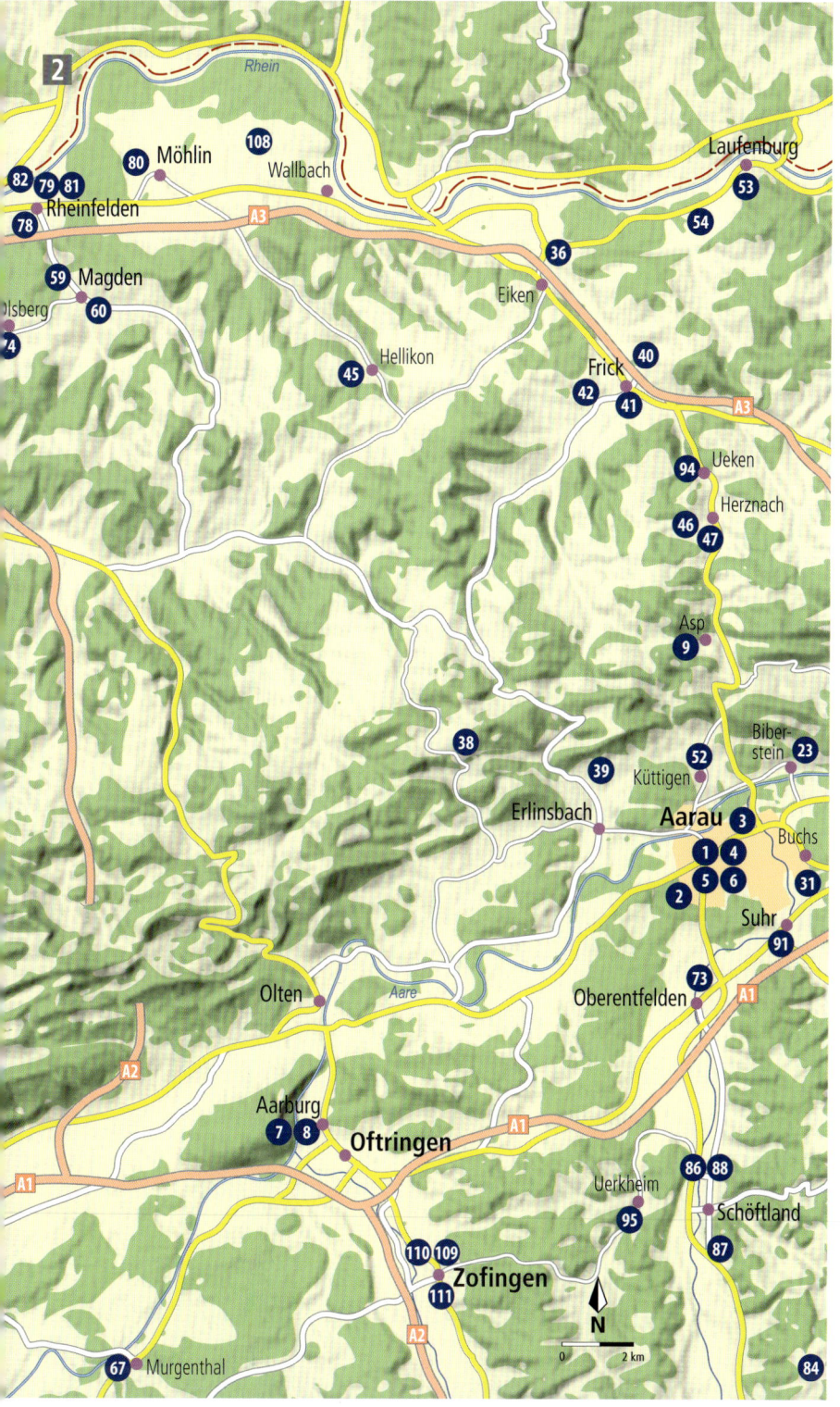

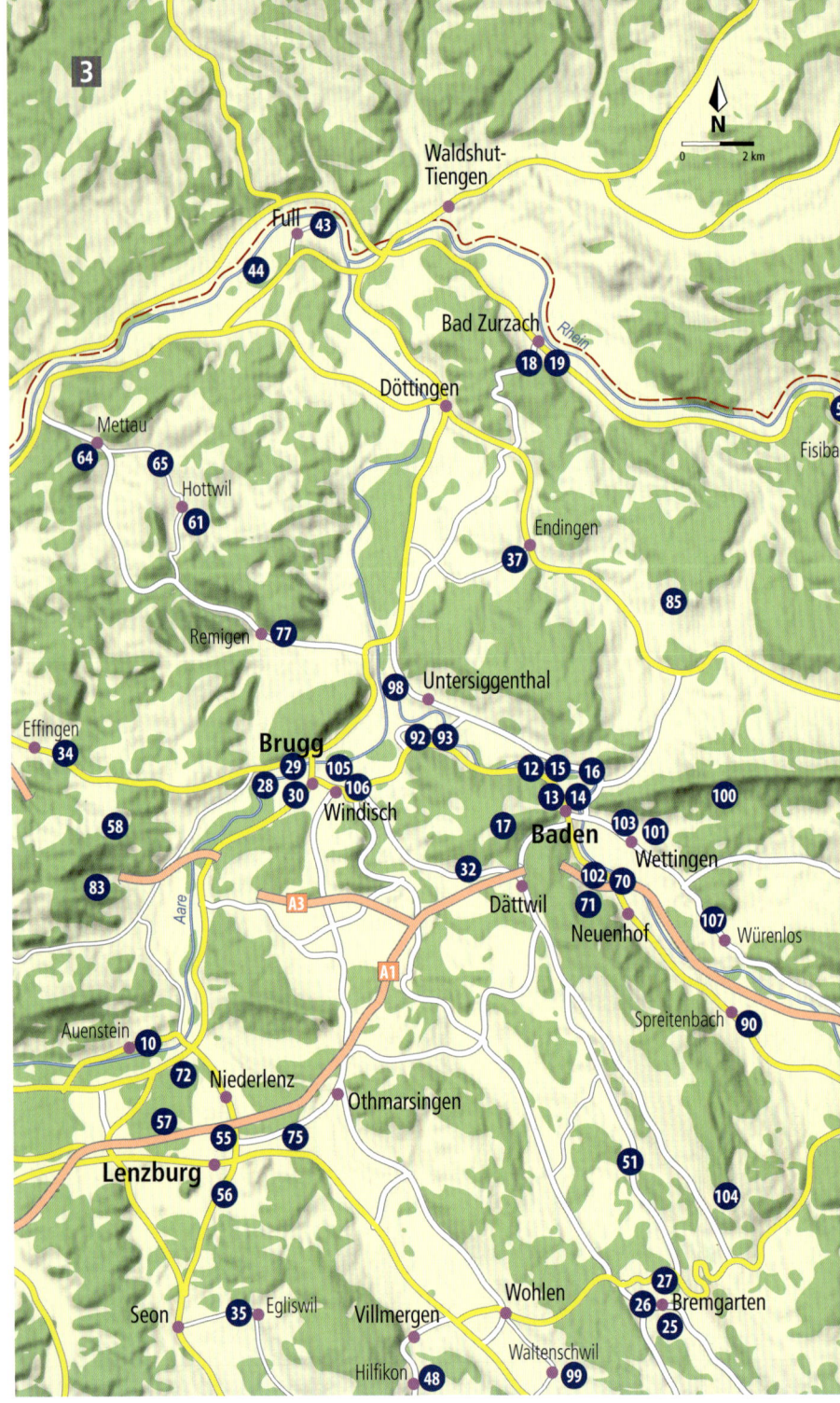

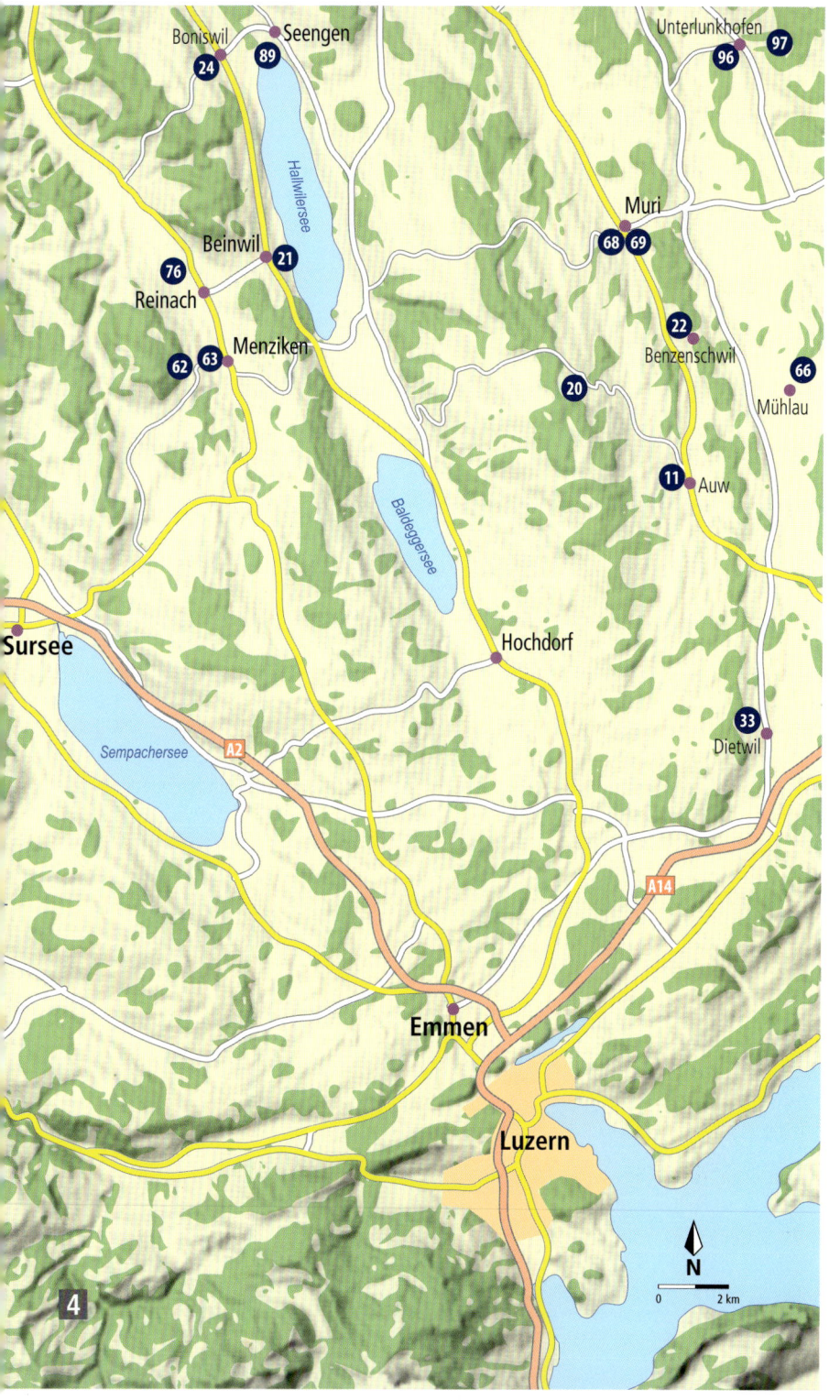

Rüdiger Liedtke
111 Orte auf Mallorca, die man gesehen haben muss
ISBN 978-3-89705-975-7

Susanne Thiel
111 Orte in Madrid, die man gesehen haben muss
ISBN 978-3-95451-118-1

Ralf Nestmeyer
111 Orte in der Provence, die man gesehen haben muss
ISBN 978-3-95451-094-8

Peter Eickhoff
111 Orte in Wien, die man gesehen haben muss
ISBN 978-3-89705-969-6

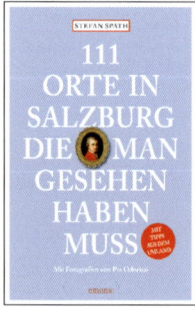

Stefan Spath
111 Orte in Salzburg, die man gesehen haben muss
ISBN 978-3-95451-114-3

Jo-Anne Elikann
111 Orte in New York, die man gesehen haben muss
ISBN 978-3-95451-512-7

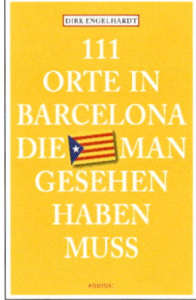

Dirk Engelhardt
111 Orte in Barcelona, die man gesehen haben muss
ISBN 978-3-95451-066-5

John Sykes
111 Orte in London, die man gesehen haben muss
ISBN 978-3-95451-117-4

Annett Klingner
111 Orte in Rom, die man gesehen haben muss
ISBN 978-3-95451-219-5

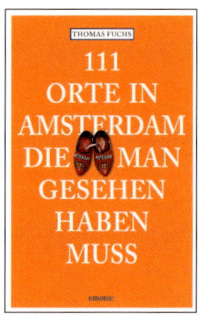

Thomas Fuchs
111 Orte in Amsterdam, die man gesehen haben muss
ISBN 978-3-95451-209-6

Stefan Spath, Gerald Polzer
111 Orte im Salzkammergut, die man gesehen haben muss
ISBN 978-3-95451-231-7

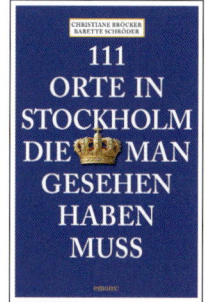

Christiane Bröcker, Babette Schröder
111 Orte in Stockholm, die man gesehen haben muss
ISBN 978-3-95451-203-4

Sabine Gruber, Peter Eickhoff
111 Orte in Südtirol, die man gesehen haben muss
ISBN 978-3-95451-318-5

Marcus X. Schmid
111 Orte in Istanbul, die man gesehen haben muss
ISBN 978-3-95451-333-8

Gerd Wolfgang Sievers
111 Orte in Venedig, die man gesehen haben muss
ISBN 978-3-95451-352-9

Rüdiger Liedtke, Laszlo Trankovits
111 Orte in Kapstadt, die man gesehen haben muss
ISBN 978-3-95451-456-4

Eckhard Heck
111 Orte in Maastricht, die man gesehen haben muss
ISBN 978-3-95451-368-0

Petra Sophia Zimmermann
111 Orte am Gardasee und in Verona, die man gesehen haben muss
ISBN 978-3-95451-344-4

Lucia Jay von Seldeneck,
Carolin Huder, Verena Eidel
**111 Orte in Berlin, die
man gesehen haben muss**
ISBN 978-3-89705-853-8

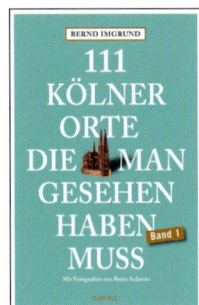

Bernd Imgrund
**111 Kölner Orte, die man
gesehen haben muss**
Band 1
ISBN 978-3-89705-618-3

Lucia Jay von Seldeneck,
Carolin Huder, Verena Eidel
**111 Orte in Berlin,
die Geschichte erzählen**
ISBN 978-3-95451-039-9

Rike Wolf
**111 Orte in Hamburg, die
man gesehen haben muss**
ISBN 978-3-89705-916-0

Gabriele Kalmbach
**111 Orte in Stuttgart, die
man gesehen haben muss**
ISBN 978-3-95451-004-7

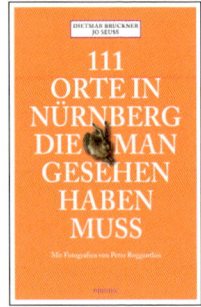

Dietmar Bruckner, Jo Seuß
**111 Orte in Nürnberg, die
man gesehen haben muss**
ISBN 978-3-95451-042-9

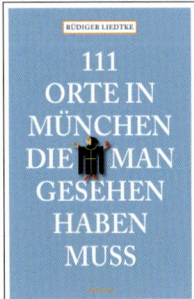

Rüdiger Liedtke
**111 Orte in München, die
man gesehen haben muss**
ISBN 978-3-89705-892-7

Rike Wolf, Tom Wolf
**111 Orte in Frankfurt, die
man gesehen haben muss**
ISBN 978-3-95451-342-0

Peter Eickhoff
**111 Düsseldorfer Orte, die
man gesehen haben muss**
ISBN 978-3-89705-699-2

Dietmar Bruckner,
Michaela Moritz
111 Orte in Bayreuth und der Fränkischen Schweiz, die man gesehen haben muss
ISBN 978-3-95451-130-3

Alexandra und
Jobst Schlennstedt
111 Orte an der Ostseeküste, die man gesehen haben muss
ISBN 978-3-89705-824-8

Ulf Annel
111 Orte in Erfurt, die man gesehen haben muss
ISBN 978-3-95451-022-1

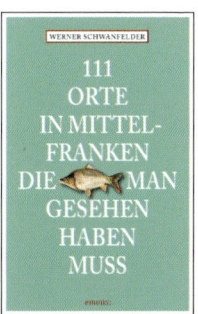

Werner Schwanfelder
111 Orte in Mittelfranken, die man gesehen haben muss
ISBN 978-3-95451-336-9

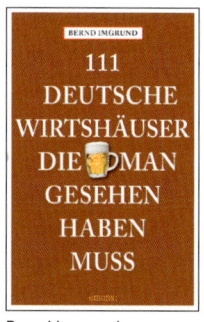

Bernd Imgrund
111 deutsche Wirtshäuser, die man gesehen haben muss
ISBN 978-3-95451-080-1

Cornelia Kuhnert
111 Orte in Hannover, die man gesehen haben muss
ISBN 978-3-95451-086-3

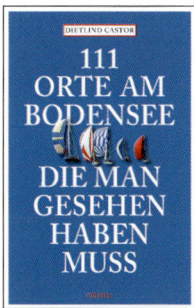

Dietlind Castor
111 Orte am Bodensee, die man gesehen haben muss
ISBN 978-3-95451-063-4

Daniela Bianca Gierok,
Ralf H. Dorweiler
111 Orte im Schwarzwald, die man gesehen haben muss
ISBN 978-3-89705-950-4

Bernd Imgrund
111 Orte in der Eifel, die man gesehen haben muss
ISBN 978-3-95451-003-0

Die Autorin

Ursula Kahi, Jahrgang 1967, ist der Schweiz und insbesondere dem Aargau seit ihrer Geburt treu. Sie lebt und schreibt in der Nähe von Aarau Kindergeschichten, Kurzgeschichten für Erwachsene und durchaus auch einmal einen Groschenroman. Bei Emons erschien ihr Kriminalroman »Im Schatten des Schlössli«.

Ursula Kahi
IM SCHATTEN DES SCHLÖSSLI
Kriminalroman
ISBN 978-3-95451-156-3